Martin Winiecki (Ed.)

ASENTANDO LOS CIMIENTOS
PARA UNA NUEVA CIVILIZACIÓN

Contribuciones a la perspectiva de la revolución global
Textos de estudio de la Escuela Terra Nova

I0118346

Sobre el libro:

Este libro contiene las últimas contribuciones del Centro de Investigación de Paz, Tamera, en Portugal. En un tiempo en que los medios están llenos de noticias sobre guerra y catástrofes, una puerta mental-espiritual se abre hacia otra opción de desarrollo: nuestro planeta, con sus personas y animales, sus paisajes y sus reservas de agua es curable, si queremos y buscamos esta curación con todas nuestras fuerzas. Los diversos artículos son textos de estudio para la Escuela Terra Nova. Grupos de gente por todo el mundo han empezado a estudiar estas ideas, difundiéndolas por sus círculos de amigos y redes sociales y políticas. Están trabajando juntos para construir una conciencia global sobre la posibilidad y la manera en que un cambio tan profundo pueda triunfar. Es un nuevo tipo de revolución sin precedentes. Un nuevo impulso humano, no dogmático y abierto a todo el que quiera unirse, está naciendo.

ISBN 978-3-927266-49-0

© 2013, Verlag Meiga GbR, primera edición

Título original: *Grundsteine legen für eine neue Zivilisation*
Diseño y Composición: Juliane Paul

Traducción: Rocío Herrero, Mariló Herrero, Magdalena Necochea, Veronica Milla, Alex Gibert, Gianni Gonzelez, Patricia Aguirre, Araceli de la Torre, Carmen Alburquerque Ruiz

Fotografía de portada: (CC) by openwalls.com

Imprenta: Lightning Source Ltd. UK/USA

¿Qué objetivo sería capaz de entusiasmar a toda la humanidad?

¿Qué imagen llevaría a la humanidad a luchar por su supervivencia y por la supervivencia de todo el Planeta?

¿Qué meta les llevaría a dejar todas las disputas atrás, para lograr su cometido común uniendo sus fuerzas?

ÍNDICE

III BASE MATERIAL

IV ANEXO

ESCUELA TERRA NOVA.
RED PARA UN CAMBIO GLOBAL DE SISTEMA
Prefacio del editor

El presente libro contiene textos de estudio de la Escuela Terra Nova, una esta red educativa mundial fundada en mayo de 2013. La Escuela Terra Nova debería convertirse en un catalizador para el cambio global de sistema. Quiere reforzar y conectar entre sí a aquellos que quieren trabajar por una nueva Tierra sin violencia ni guerra.

Durante las primeras semanas nos llegaron muchas solicitudes y comentarios positivos de todo el mundo. Los primeros grupos de estudio y centros se forman ahora en más de 30 países, en Europa y Oriente Medio, América del Norte y del Sur, África, Asia y Australia. Trabajamos juntos por una perspectiva para la curación del ser humano y la Tierra. Queremos darle una orientación humana a la revolución global en la que vivimos. ¡Os invitamos a participar!

En este libro vamos a profundizar en algunas de las áreas centrales de la educación para la paz, con textos básicos de, y sobre, los profesores principales de la Escuela: Dr. Dieter Duhm, Sabine Lichtenfels y Bernd W. Mueller. Empezamos con las bases teóricas de los nuevos centros de paz y modelos futuros, que se resume en el "Plan Global de los Biotopos de Curación". Éste muestra, porqué y cómo se podría llevar adelante, en relativamente poco tiempo, un nuevo desarrollo de paz en nuestro planeta, a pesar del aparente super-poder del sistema de violencia. Con artículos actuales, que han surgido con motivo de la fundación de la Escuela Global de Amor en Tamera, ponemos luz en los temas centrales de comunidad, sexualidad, amor y relación de pareja. El libro cierra con dos aspectos esenciales para la construcción ecológica de la nueva cultura: el concepto de los Paisajes de Retención de Agua y la cooperación no violenta con los animales y todas las criaturas.

La Escuela Terra Nova consiste en grupos locales, que estudian esta información y la divulgan entre amigos, vecinos, gente interesada, redes y movimientos sociales. Son círculos de aprendizaje y "células revolucionarias", que se encuentran semanalmente para trabajar juntos y profundizar en estos temas. Al principio de cada mes reciben un paquete educativo con textos de estudio, charlas, videos y bibliografía sobre una de estas (y otras) áreas centrales, que se realizan a través de charlas transmitidas en directo y coloquios online desde Tamera. Además se organizan tardes políticas, lecturas, se muestran películas y se organizan acciones artísticas en diferentes ciudades y países, para llevar los nuevos pensamientos al público. Se celebran días de acción conjunta, como el Día Global de Grace el 9 de Noviembre y, una vez al año, se celebra un encuentro con la comunidad de aprendizaje mundial. Los participantes individuales y los grupos ya no trabajan solos, sino que, cada vez más, se ven como parte de una nueva comunidad planetaria.

La Escuela Terra Nova surgió en el Centro de Investigación de Paz, Tamera, en el sur de Portugal, en el que se investigan las bases de una sociedad postcapitalista y se implementan como modelo en la medida de lo posible. El proyecto, fundado por Dieter Duhm, Sabine Lichtenfels y otros, originalmente en Alemania, se basa en 35 años de trabajo de investigación interdisciplinar. Aquí se conectan investigaciones sociales, espirituales, ecológicas y tecnológicas en una forma de vida concreta. Hoy en día, alrededor de 200 colaboradores y estudiantes participan en la construcción del proyecto.

Como generación joven en Tamera, hemos fundado la Escuela Terra Nova como una cooperativa mundial para todos los que se quieren comprometer con este trabajo. Es nuestra respuesta al inenarrable sufrimiento que ocurre diariamente en nuestro planeta.

La revolución global que arde cada vez en más lugares, señala el colapso de las sociedades actuales. Las protestas, desde la primavera árabe hasta Estambul y Brasil, ya no son luchas por determinadas ideologías políticas, son el grito humano fundamental: ¡Basta! ¡Acabemos con la locura! Escuchamos el grito desde todas partes del mundo.

El tiempo del imperialismo se acabó. El viejo sistema se desintegra inexorablemente – social, ecológica y económicamente. En la Tierra ha empezado una nueva evolución. Nuevas fuerzas de vida se levantan contra los muros de una época de violencia de miles de años y buscan el nuevo mundo. A pesar de todas las resistencias, son imparables a largo plazo. Ahora necesitamos una perspectiva común, para desarrollar una fuerza pacífica, que sea más poderosa que toda la violencia.

Para ello, el movimiento necesita lugares en los que se desarrolle y se muestre la nueva perspectiva. Comenzando por divulgar los pensamientos e ideas a través de los correspondientes libros, escritos y organización de eventos. Las personas interesadas se unirán a grupos de estudio, de los que pueden surgir comunidades con el paso del tiempo. Los grupos gestionarán librerías, cafeterías, centros culturales, fincas con Paisajes de Retención de Agua, hasta Universidades Modelo y Biotopos de Curación completos. Son precursores de una venidera sociedad de paz. Las personas que trabajan por Terra Nova siguen, cada vez más decididamente, ciertas directrices éticas como verdad, apoyo mutuo y participación responsable en el conjunto. Son reglas básicas de una cultura humana, sirven tanto en el área ecológica y social como en las preguntas más intimas sobre sexualidad, amor y relación de pareja. El compromiso profundo con esas directrices acciona un cambio en el interior de cada uno: de la matriz del miedo a la matriz de la confianza y la cooperación. A través de giros internos y acciones apropiadas en el exterior, los participantes del movimiento planetario se apropiarán de nuevo de su poder de acción positivo, que habían entregado antes a la sociedad y al estado. Los nuevos revolucionarios no actúan en reacción a un sistema que colapsa, sino que trabajan de cara a la nueva realidad, a la que dan vida gracias a su espíritu, su corazón y sus manos. El cambio de sistema ya está en marcha, si cooperamos apropiadamente los unos con los otros.

Podríamos comparar el cambio hacia la nueva época con la transformación de la oruga a mariposa. Del tejido del viejo organismo se forma otro completamente nuevo. Al igual que en el interior de la oruga está latente la mariposa, como su más alta manifestación, así vive Terra Nova, la nueva Tierra, como potencial oculto en el interior del mundo existente – y en nosotros. La vida tiene fuerzas autosanadoras inmensas que se encuentran en el interior de cada organismo viviente, también en aquellos que están malheridos. Cuanto más capaces seamos de ver este potencial de curación y cuanto más podamos dedicar nuestras vidas, pensamientos y acciones a él, en vez de fijarnos en el defecto o daño momentáneo, más efectivas serán las fuerzas curadoras para obrar finalmente el cambio. Los trabajadores por la paz de este mundo tienen la siguiente tarea: ¡encontrad los pensamientos, palabras e imágenes, que activen la manifestación de una nueva y sanada Tierra! La Escuela Terra Nova se pone al servicio de este trabajo. Nos alegramos por la colaboración venidera.

En nombre del amor por todo lo que vive.

Martin Winiecki
Tamera, Portugal en Julio de 2013

I TEORÍA DE LA CURACIÓN GLOBAL

TERRA NOVA

Proyecto para un mundo libre

Dieter Duhm, 2013

La sociedad actual está siendo destruida por contradicciones internas, que ya no se pueden disolver con los medios convencionales. El hombre es un "zoon politikon", un ser social y está, como tal, sujeto a las leyes de la sociedad. Al mismo tiempo también es, por su naturaleza corporal y mental, miembro de la biosfera y está, como tal, sujeto a las leyes de la vida orgánica. Si estas dos tablas de la ley se contradicen entre si, surgen la enfermedad, el crimen, la violencia y la guerra. Hoy en día estamos viviendo el culmen planetario de esta contradicción. Estamos experimentando a nivel mundial epidemias de enfermedad y violencia. La humanidad se ha organizado falsamente. Ha construido una forma de vida, que no concuerda con las leyes de la vida. Hemos llegado a un límite apocalíptico, más allá del cual no es posible sobrevivir. Para superar el callejón sin salida, no necesitamos mega ciudades, ni tecnologías billonarias para la emigración a Marte (aunque también podría llevar a resultados interesantes), sino que necesitamos conceptos inteligentes para un nueva forma de habitar el planeta Tierra. No necesitamos ninguna reforma, sino que necesitamos una nueva dirección en la evolución humana. Estamos al comienzo de la mayor revolución en la historia hasta el momento actual.

El nuevo camino requiere la integración de la vida humana en las leyes fundamentales del Universo y la Tierra, incluyendo las leyes éticas, sociales y biotópicas. Todo acto de violencia, que infligimos a cualquier criatura, regresa a nosotros de nuevo como enfermedad o locura. La civilización venidera está libre de cualquier crueldad. Las plantas y los animales son socios en la evolución de nuestra biosfera, la cual recorremos juntos.

En el proyecto Tamera estamos trabajando para poner en practica estas ideas desde hace 18 años. En las áreas de nueva investigación ecológica, tecnológica y social, intentamos incorporar nuestro mundo humano al orden más elevado del mundo de la vida. Por encima de todo, estamos trabajando en paisajes de retención para la curación del agua y en nuevos sistemas sociales para la curación del amor. Millones de niños recorren indefensos y abandonados el mundo, debido a que sus padres viven relaciones malogradas. Infinitas tragedias humanas son causadas por anhelos insatisfechos y relaciones amorosas fracasadas. Para terminar con la secreta guerra de los sexos necesitamos un nuevo orden social y ético, y una nueva visión del amor. Para la curación del amor como para la curación del agua tenemos que superar las actuales formas de acuartelamiento y sustituirlas por formas orgánicas. La ecología de la nueva era consiste en la cooperación no-violenta con la naturaleza y todas sus criaturas. La tecnología de la nueva era no se basa en la ruptura de resistencias (explosión), sino en la resonancia con las fuerzas de la naturaleza. El agua tiene un increíble poder de auto-limpieza si la dejamos moverse por sus propios patrones de flujo, en lugar de introducirla a la fuerza en canales artificiales. La naturaleza trabaja con altas tecnologías insuperables en todos los ámbitos. Contiene poderes inherentes de curación, capaces de soportar y curar la devastación más severa. Esto se aplica tanto a la curación del cuerpo humano, como a la curación de toda la biosfera.

El poder interno de la naturaleza se nos ha mostrado en nuestro proyecto, en el sur de Portugal, en el que un paisaje erosionado y medio muerto de sed, a través de la construcción de lagos de retención, se transformar en un paraíso para las plantas y los animales. Tales posibilidades de curación local son impedidas aún hoy a través de los métodos de la globalización - a menudo con cargas militares. Hoy en día estamos viviendo una guerra mundial entre las fuerzas de la vida y los poderes de destrucción. Las fuerzas de la vida triunfarán, cuando los trabajadores de paz de todo los países vean una utopía concreta, y cuando la indignación del mundo esté conectada a la gran concepción de la nueva tierra. Si la vida triunfa, no habrá más perdedores.

Las hambrunas y las catástrofes naturales son casi siempre el resultado de la errónea gestión humana, que a su vez es causada por la política de los bancos, las logias y las corporaciones. Pero su tiempo ha expirado, la época de la globalización capitalista no puede continuar sino es a través de inimaginables derramamientos de sangre y de la destrucción masiva de la naturaleza. Los bancos y las corporaciones lo saben. Sus "Iluminati" deben considerar si quieren cambiarse de bando a tiempo. La búsqueda mundial de una alternativa tiene que incluir za las leyes de la vida y debe reconocer que también los animales que se crían para la producción industrial de carne o de abrigos de piel, tienen un corazón y un alma. Aquí yace el más profundo cambio de sistema: se trata del cambio de una mecánica asesina a una ayuda compasiva – y no sólo en el sentido cristiano de amor al prójimo, sino en el sentido del orden cósmico, que nosotros llamamos "Matriz Sagrada".

Agua, alimentos y energía están disponibles para todas las personas de forma gratuita, si son producidas siguiendo las leyes de la naturaleza y no las leyes del lucro. Las casi ilimitadas fuerzas productivas de la naturaleza posibilitan casi infinitas posibilidades de autosuficiencia. El cambio de sistema desde las leyes del lucro a las leyes de la vida no es una cuestión ideológica, sino una cuestión de supervivencia colectiva.

Toda la vida y todas las comunidades naturales están organizadas según el patrón de la Sagrada Matriz. Todos los seres están conectados por una matriz interior, que se expresa en las relaciones humanas como confianza, solidaridad y apoyo mutuo. También entre los humanos y todos los seres de la naturaleza rigen estas cualidades internas. Terra Nova, la imagen de la nueva tierra, muestra una civilización humana, que se encuentra en una relación llena de confianza y de solidaridad con la civilización circundante del reino natural.

El mundo humano necesita una nueva información, pues ha sido controlado durante milenios por información de violencia y la guerra. Los pueblos se han perseguido mutuamente y se han asesinado entre ellos. Todos los estados actuales han surgido de una historia sangrienta. Los daños sufridos son demasiado terribles como para ser descritos. Se han pasado de un siglo a otro siglo. Esta cadena diabólica ha dejado terribles heridas en el cuerpo colectivo de la humanidad. Todos sufrimos de un trauma humano, que ha dejado imágenes sombrías y temores en nuestra alma colectiva. El trauma se seguirá repitiendo de generación en generación, hasta que reconozcamos sus causas y las borremos. Muchos intentos de renovación, numerosos llamamientos a la paz, diversos proyectos alternativos han fracasado por el muro colectivo que se ha construido en el interior de las personas a lo largo de miles de años de guerra. Es el muro del corazón cerrado. La tarea de los nuevos centros es la de superar el trauma histórico, abrir el muro traumático ("la coraza") y convertir el holograma del miedo en un holograma de confianza. Para hacer eso, tenemos que accionar un interruptor global. El interruptor, que hasta ahora había activado la información de violencia y guerra, debe cambiar ahora hacía la información de confianza y cooperación. Esto sucede no sólo a través de la oración, sino a través de una planificación concreta y la puesta en práctica del nuevo mundo. Tenemos que decidir de qué lado estamos. En nuestros hogares y jardines, nuestras instalaciones para el agua, la energía y los alimentos, nuestras relaciones amorosas y de pareja, nuestros sistemas sociales y políticos, decidimos sobre qué información enviamos al mundo. La construcción de los nuevos centros es la decisión colectiva de las personas que son conscientes de la situación y por lo tanto giran su interruptor interno en la dirección de la vida: esa es la dirección de la solidaridad y la cooperación, la confianza y la verdad - incluyendo la verdad en el amor. ¡Cuánta violencia y sufrimiento ha sido causado únicamente por las mentiras en el amor! No habrá paz en el mundo mientras haya guerra en el amor. En ninguna parte el daño traumático es tan fuerte como en el área del amor y la comunidad. Con la pérdida de la comunidad, la humanidad perdió su fuente ética. Para restaurar valores originales como la verdad, la solidaridad y la confianza, necesitamos comunidades que funcionen. La construcción de comunidades funcionales de confianza es uno de los objetivos más elevados y más difíciles de la actual revolución.

La nueva civilización se desarrolla a partir de una red de nuevos centros que están conectados con las leyes del orden universal de la vida. En esta conexión tiene efecto la onda portadora de la "formación de campos morfogenéticos". Debido a que todos los centros están relacionados con el mismo orden de la Sagrada Matriz, reclaman de la base de datos cósmica la misma información, que es necesaria para la realización de los pasos hacía la nueva época. Tan pronto como la información portadora esté establecida, comienza el proceso del campo morfogenético por sí solo. Se forma un nuevo campo global. Se difunde bajo tierra como el micelio del hongo y produce las nuevas fuerzas que son capaces de romper las losas de hormigón. El resultado de este nuevo proceso histórico es fácil de ver: en todo el mundo surgen las nuevas células, los jardines y los paisajes de retención, las escuelas y las bibliotecas, las universidades modelo y los biotopos de curación que difunden el mensaje de la nueva vida. La humanidad está "madura" para la mutación. La primavera árabe se ha convertido en una revolución mundial, que ha encontrado su gran destino humano. Aquí no impera la violencia, sino la solidaridad de una nueva comunidad planetaria.

Trabajamos a nivel internacional en la creación de biotopos globales de curación. El "Campus Global" es una universidad internacional, con bases en varios países, donde las ideas básicas y los objetivos de nuestro trabajo deberían ser aprendidos y puestos en práctica. En el centro de trabajo actual está la escuela de paz Tamera en el sur de Portugal. Para poder financiar la

continuación de nuestro trabajo, necesitamos patro-
cinadores. ¡Por una buena cooperación!

En nombre de la calidez por todas las criaturas.
En nombre de todos los niños del mundo.
En el nombre del amor.
Gracias y Amén.

CAMPUS GLOBAL

Una declaración de las metas y pensamientos básicos

Dieter Duhm, 2012

¿Qué es el Campus Global?

El Campus Global es una plataforma de educación, a nivel mundial, para un futuro sin guerra y para el desarrollo de modelos correspondientes. El campamento base del Campus Global es el Centro de Paz Tamera en Portugal. En él están involucrados proyectos y personas que han decidido colaborar a nivel global. Ven la necesidad de modelos de paz global y se han comprometido a manifestarlos. El desarrollo de modelos de paz es investigado y enseñado, teniendo en cuenta las diferentes condiciones regionales. Los participantes del Campus Global suscriben las ideas básicas y metas que están descritas en el siguiente texto.

El Campus Global está desarrollando una red de centros autónomos que siguen un código ético, social y ambiental común. En el corazón del trabajo de sanación global está la nueva alianza de los humanos con todos los seres vivos. El pensamiento de que la Paz en el exterior solo puede producirse, cuando se haya producido en el interior de las personas es pionero. El proyecto se orienta tanto en la teoría como en la práctica, siguiendo estas directrices:

- La realineación del mundo humano con el orden superior del mundo de la vida y la Creación.
- La cooperación no violenta con todas los seres vivos. No violencia contra los animales.
- La sanación del agua a través del desarrollo de "Paisajes de Retención de Agua".

- Bajo este supuesto el desarrollo de la permacultura y el logro del autoabastecimiento de comida.
- Salir del mundo de la industria petrolera. El desarrollo de sistemas de energía autónomos.
- El establecimiento de economías descentralizadas de subsistencia.
- El establecimiento de comunidades que funcionen.
- Una ética basada en la verdad, el apoyo mutuo y la participación responsable.
- El fin de la guerra entre los géneros y toda humillación sexual.
- Verdad en el amor. El no engaño en las relaciones de parejas.
- No a la venganza. Grace* en lugar de venganza.

Estas son directrices para la futura sociedad global, con nuevas universidades y nuevos asentamientos. Con ellos surgirá un nuevo orden planetario, en el cual todas las criaturas de nuestro planeta estarán conectadas, ya que este orden actúa en concordancia con el orden del mundo, el cual llamamos "Matriz Sagrada".

Durante sus peregrinajes internacionales, entre el 2004 y el 2008, Sabine Lichtenfels en conjunto con Benjamin von Mendelssohn, desarrollaron la idea de una universidad del mundo en la forma del Campus Global. La idea guía fue Grace: cambiar el patrón de la rabia y el odio por un patrón de compasión y solidaridad humana. Los peregrinajes se llevaron a cabo en Israel, Palestina, Colombia y Portugal. Sabine Lichtenfels escribe: "*Nos guía la pregunta*

*GRACE es utilizado por Sabine Lichtenfels para nombrar una ética de paz basada en la reconciliación. En el presente libro se utilizará el término inglés.

¿cómo se puede lograr un futuro sin guerra? En el libro "Grace, Pilgrimage for a Future Without War" ["Grace. Peregrinaje por un futuro sin guerra"] describí la ética y filosofía del Campus Global. Mientras caminan, los estudiantes aprenden a estar en el mundo en nombre de Grace. Al ver y comprender el conflicto de base que hay en distintas partes de la Tierra, ellos aprenden a tener un pensamiento compasivo global. Al mismo tiempo reconocen que un conflicto global sólo puede ser resuelto a nivel holístico. En el Biotopo de Curación I, Tamera, en Portugal, surgió un centro de investigación con el fin de estudiar las fuerzas de paz globales. Aquí, el conocimiento ecológico, social, tecnológico y humano es compilado con el fin de crear modelos de paz concretos. Tamera coopera con comunidades de paz y trabajadores de paz en todo el mundo. Se ha desarrollado un currículo con el cual los estudiantes pueden estudiar los aspectos básicos de una nueva cultura. Tamera es una especie de estación base para el Campus Global."

Desde entonces, en diferentes continentes, han surgido grupos y proyectos orientando su trabajo con las ideas básicas del Campus Global. Desde los centros en Colombia, México, Brasil, Israel y Palestina, hasta grupos del movimiento ruso Anastasia y los nuevos centros en Portugal y Suiza podemos ver la creación de una red global por una Tierra libre. De la coherencia mental espiritual de las fuerzas, una globalización de la Paz puede desarrollarse siendo más fuerte que toda violencia. Sabine Lichtenfels escribe acerca de esto: *"Doy gracias a todos los poderes que han ayudado en el establecimiento de esta red y que ayudarán en el futuro. Que la familia cósmica crezca en la Tierra, que nos reconozcamos unos a otros y dotemos a otros con poder y esperanza, incluso en tiempos de turbulencia. Que siempre recordemos que hay fuertes poderes de sanación de nuestro lado cuando nos abrimos a ellos. Hay algo en cada uno de nosotros que nos quiere recordar nuestro ser inherente intacto, como individuos y como humanidad. Es el Punto Interno de Dios (Omega) en todos nosotros, el tesoro interior, que ahora quiere ser revelado en nosotros mismos en una gran acción planetaria compartida."*

¿Por qué este proyecto?

Hemos sido testigos del destino innombrable de individuos y animales en el mundo globalizado. Aquel que lo haya visto no podrá regresar a su rutina diaria. Los fundadores del proyecto estaban actuando desde la compasión. La compasión inmediata que frecuentemente podemos ver en niños y que todos una vez tuvimos no debe perderse jamás, sino que debe crecer hasta que hayamos encontrado una solución para poner fin al sufrimiento. Hace 34 años (en Mayo de 1978) se fundó oficialmente el proyecto "Bauhütte" en Alemania. Este proyecto eventualmente dio vida a Tamera con el plan del Campus Global. El grado de extensión de la violencia global exige métodos hacia el trabajo por la Paz que se extiendan más allá de todos los eslóganes usuales. Hasta el día de hoy, se pide que los colaboradores de este proyecto tengan un alto grado de compromiso personal. ¿Por qué de esta forma radical?

Para ir directo al punto: Mientras haya un niño muriendo de hambre, un animal torturado, una joven africana mutilada, una mujer violada, una persona con creencias religiosas diferentes maltratada, un joven obligado a ir a la guerra, nuestro mundo estará en desorden. Es definitivamente nuestra labor liberar al mundo de los dolores indecibles. Siempre podemos decir que esto es una ilusión pero, desde el momento en que nuestros ojos se abren, desde que vemos lo que las víctimas sufren, desde que nosotros mismos nos transformamos en uno de esos seres torturados, hay un único grito, el grito que busca alivio.

Actualmente estamos viviendo el colapso de los sistemas antiguos. La evolución humana ha llegado a un punto de callejón sin salida global. Valores fundamentales de comunidad, verdad y solidaridad se han perdido a lo largo de una historia milenaria de guerras y a través de las medidas de la globalización capitalista. Las consecuencias de este mal desarrollo son tan crueles para las víctimas de cada continente que necesitamos cerrar los ojos. La población mundial vive bajo una hipnosis de miedo y violencia.

Podemos sobreponernos a esta crisis dando una nueva dirección al desarrollo futuro. Ya no se trata de pelear contra los sistemas existentes, ya que ellos se están autodestruyendo. El foco está en llegar a conocer estas nuevas direcciones y crear bases planetarias para ellas. La fecha del calendario Maya, 21 de Diciembre del 2012, no es el fin del mundo sino el comienzo de una nueva era. Millones de jóvenes alrededor del mundo que hoy en día se levantan en contra de las antiguas estructuras, necesitan una nueva respuesta y perspectiva. Nadie debe pasar hambre en nuestro planeta si usamos la riqueza de manera sabia. Comida, agua y energía están a nuestra disposición gratuitamente para toda la humanidad si creamos las estructuras adecuadas; estructuras que no tienen como fin la obtención de ganancias o poder sino que se orientan hacia los intereses comunes de todos los habitantes de la Tierra, incluidos los animales. No podemos esperar a que los gobiernos tomen las decisiones necesarias para esto, somos nosotros los que debemos tomarlas. Los colaboradores del Campus Global están desarrollando nuevos conceptos para la coexistencia con la naturaleza, con los animales y las plantas. Están estableciendo nuevos proyectos para sanar el agua, complementando estos con biotopos de comida y nuevos modelos de suministros de energía descentralizada. Pero sobre todo, están creando nuevas formas de vida social, incluyendo las áreas más íntimas de la sexualidad, el amor, la pareja y la comunidad. La Tierra necesita personas que no solo dicen lo que necesitan sino que lo hacen.

Vera Kleinhammes, la actual coordinadora del Campus Global en Tamera escribe: "*Si los jóvenes pueden aprender en todo el mundo a construir comunidades, resolver conflictos, realizar con éxito la resistencia no violenta, si tienen un conocimiento fiable sobre el amor, la sexualidad y la pareja, así como acerca de los problemas más importantes de la sostenibilidad ecológica y las nuevas tecnologías energéticas, la producción de alimentos, la sanación, el establecimiento de redes y el periodismo de paz, entonces la necesaria globalización de la paz se llevará a cabo. Entonces nosotros, como seres humanos seremos capaces de dirigir la transformación mundial actual en una dirección positiva.*"

Comunidad

Una tarea central de la nueva era es la construcción de comunidades humanas funcionales. El área central de la crisis de nuestros tiempos es la relación entre seres humanos. Aquí yacen los interruptores centrales para la guerra y la destrucción o para la sanación. Una de las fuentes principales para la producción de energía positiva o negativa y campos de información es la forma en que las personas se tratan unas a otras.

Especialmente en el ámbito de los miedos y conflictos subterráneos un nuevo curso debe ser establecido, las guerras latentes deben ser llevadas a fin y los campos de minas psicológicos deben ser desactivados. Los temas centrales yacen en las áreas de la sexualidad, amor, pareja y comunidad. Los proyectos y comunidades que actualmente están buscando nuevas perspectivas de vida, sólo tendrán calma si logran encontrar una nueva dirección en esta área central de nuestra existencia humana. Las preguntas más íntimas de la vida ya no son problemas privados, sino que han pasado a ser temas colectivos de la humanidad.

Las comunidades del Campus Global siguen ciertas reglas éticas para la vida en comunidad: verdad en la comunicación e incluso en el amor, apoyo mutuo, participación responsable, no abusar del poder, apertura para el cambio personal, comprender en vez de juzgar, Grace en vez de venganza, solidaridad con todos los seres de la naturaleza y la no violencia en contra de los animales. Sólo es posible seguir estas reglas básicas si todos los participantes están preparados para un cambio muy intenso en los hábitos de la vida privada, ya que todos hemos aprendido a mentir y engañar para encajar en la sociedad. Ahora las comunidades se deben establecer de manera que las mentiras y el engaño no tengan ventajas evolutivas. Necesitamos nuevas estructuras sociales, sexuales, económicas y mentales-espirituales desde las cuales pueda surgir la confianza verdadera. Confianza entre humanos y confianza en todos los seres vivos. Aquí la frase de Lynn Margulis cobra relevancia: "*Si quisiéramos sobrevivir a las crisis ecológicas y sociales que hemos creado, estaríamos obligados a involucrarnos en iniciativas comunitarias totalmente nuevas y drásticas.*"

Las comunidades venideras ya no están basadas en una ideología colectiva, sino en el reconocimiento y decisión individual. Uno no debe enarbolar frases bandera sobre sus creencias, sino trabajar internamente con los pensamientos y comprenderlos. La participación en estas nuevas comunidades no implica un proceso de conformidad externa sino un proceso de individuación. La autonomía individual, integrada en una comunidad positiva no lleva al caos sino que lleva a la participación. Una nueva cultura de amor, sexualidad libre y parejas duraderas surge como resultado de seguir las reglas éticas básicas, esto ocurre desde el momento en que las adoptamos en nuestro interior.

En una nueva comunidad, nuevas formas de cohabitación no violenta surgirán entre seres humanos, la naturaleza y todos los seres vivos. Todos los seres – humanos, animales, plantas y seres espirituales- son parte de la comunidad. Todos forman parte de los campos de poder de sanación que se desarrollan en la comunidad. Desde aquí, nuevos centros para un futuro sin guerra surgen – son los llamamos "Biotopos de Curación".

La sanación del agua

"Quien sea que posea el secreto del agua, posee poder."
Viktor Schauberger

La nueva sociedad global necesita una nueva forma de manejar el agua. El agua es la esencia de la naturaleza al igual que el amor es la esencia del ser humano. Ambas áreas han sido distorsionadas por campos de información falsos. Sanar el trauma del agua y sanar el trauma del amor son dos caminos fundamentales básicos hacia una nueva Tierra sana. Si logramos poner fin a la catástrofe del agua, la catástrofe de la hambruna también llegará a su fin porque el manejo del agua natural es la base del suministro de alimentos a nivel mundial. Una gran parte de la población de la Tierra vive en una pobreza indescriptible. La miseria del hambre no es causada por la naturaleza sino por el hombre, a través de una agricultura que explota la tierra y un manejo catastrófico del agua en nombre de intereses económicos. Estos son errores del sistema, los cuales pueden ser superados al hacer un cambio que abarque todos los ámbitos de la vida. Esta es la razón por la que trabajamos: para crear modelos para este cambio del sistema global.

Para sanar el ciclo del agua a escalas globales, necesitamos crear Paisajes de Retención de Agua. Que son áreas diseñadas de acuerdo a los principios de la sanación de la tierra, que son capaces de absorber todo el agua de lluvia. El agua de lluvia se absorbe lentamente en el cuerpo de la tierra, llena las reservas de aguas subterráneas y esta reaparece después en los manantiales. De esta manera el agua no va directa a los ríos ni a la circulación global en forma de agua turbia que acarrea los productos de la erosión, sino que fluye como agua fresca de manantial. Las comunidades ahora tienen agua potable, limpia y llena de energía. Una nueva forma de permacultura se desarrollará en las orillas de estos Paisajes de Retención de Agua, donde abundante comida natural crecerá, como por ejemplo árboles frutales, frambuesas, rábanos y otras especialidades regionales; un biotopo lleno de riquezas que no necesita irrigación. Un cambio milagroso de la naturaleza mediante el que animales y plantas se tornan abundantes, y todo esto ocurre frente a nuestros ojos. Uno puede comenzar a aprender y entender de nuevo la belleza y los poderes vitales que la naturaleza brinda, una vez que le damos nuestro apoyo.

Muchos movimientos ecológicos y sociales de nuestro tiempo, como por ejemplo el movimiento ruso Anastasia, pueden cooperar en la sanación de la Tierra siempre y cuando desarrollen dos cosas: un concepto social para el Eros y la comunidad y un concepto ecológico basado en Paisajes de Retención de Agua. Esta nueva forma de manejar el agua está al servicio especialmente de la sanación del paisaje y de la sanación del ciclo de agua, permitiendo que las personas puedan regresar a vivir en la tierra. La despoblación rural de la era industrial dejó vastas áreas de tierras sin cultivar y llevó a una desastrosa explosión demográfica en las ciudades. Este proceso fatal debe ser revertido si la humanidad quiere sobrevivir. Muchas personas deben regresar al campo, ya que si sabemos cómo trabajar la tierra de manera inteligente, obtendremos todo lo que necesitamos para una buena vida.

La retención de agua de lluvia descentralizada puede ser una llave para rediseñar la tierra a nivel global. Una vez que se expanda esta idea, miles de nuevos grupos migrarán al campo para dasarrollar sus economías de subsistencia. El recultivo orgánico de regiones áridas (tales como Negev, Portugal, etc.) puede ahora lograrse con una eficacia muy diferente y con mucho menos esfuerzo técnico. Esto llevará a una re-vegetación espectacular de áreas desertificadas de la Tierra que hasta ahora han estado abandonadas, porque la naturaleza va a apoyar estos procesos de sanación con todo su poder. De hecho, habrá agua y comida a disposición de todos los seres humanos en forma gratuita. Países pobres podrán desarrollar sistemas alimentarios autosuficientes, liberándose así del despotismo de los mercados globales. Todos los grupos que en la vida urbana actual ya no encuentran perspectiva, pueden activamente formar parte de este proceso. Un interesante modelo regional podría surgir pronto en Portugal: "1000 Lagos para Alentejo". Si realmente creamos algo así las relaciones de poder políticas y económicas cambiarán de inmediato, ya que este nuevo modelo demuestra cuan fácil es salir de las garras del antiguo sistema y de las regulaciones de la UE. Para poder realizar estos grandes cambios de manera sanadora, estos deben estar conectados con las condiciones sociales y éticas descritas en este manifiesto.

La sanación del amor
No puede haber paz en la Tierra mientras haya guerra en el amor.

El amor sigue leyes similares a las del agua. Si seguimos estas leyes habrá alegría, si estas leyes se quebrantan la violencia surge. La violencia global es resultado del hecho de que durante miles de años no pudimos seguir las leyes del amor. La humanidad actual viene de una historia de miles de años de guerra, lo cual ha dejado un trauma colectivo en todos nosotros. En este proceso, nada fue dañado tan cruelmente como el amor.

Amor sensual y el amor del alma, es el tema global número uno. La sexualidad es un poder global. La era cultural de nuestros tiempos ha fallado debido a la destrucción del amor y el sufrimiento sexual. En casi todos los lugares donde alguna vez ha habido amor se ha desarrollado el odio y la violencia. Tanto aquellos que protestan como la policía podrían ser amigos entre si. Los habitantes de la Comunidad de Paz San José de Apartadó, Colombia y sus enemigos en las fuerzas paramilitares podrían ser amigos. Palestinos e Israelitas, sucesores de Ismael e Israel, podrían ser amigos si su naturaleza de amor no hubiera sido destruida por medidas educativas irracionales en religión y política. El aspecto masculino de la humanidad ha ido en contra de los mandamientos del amor y la sexualidad, utilizando los mandamientos de la iglesia, el estado y la economía. En aquellos espacios en que los mandamientos del amor han sido dañados por el engaño y la violencia nace el miedo a la separación, junto con la falta de confianza, los celos y el odio. Uno ya no puede amar. Uno cierra el corazón, una vez y para siempre, y comienza a odiar aquello que una vez amó. Uno lucha contra un mundo que podría también abrazar. Todo aquel que ya no conoce el poder del amor elige el poder de la destrucción. Así es como los tsunamis de violencia han plagado la tierra por miles de años. En gran medida la civilización existente tiene en su base rabia y desilusión en el amor. Esto no es una simplificación excesiva sino el fundamento trágico de una era que se desvió en el camino equivocado.

Los nuevos campos de poder para una Tierra sana son el resultado del goce de aquellos que han encontrado una nueva forma de amor y solidaridad y cuyos hijos han recuperado un hogar estable para sus almas. El trabajo por la Paz, en el mundo externo, sólo puede ser exitoso a largo plazo si está conectado con un trabajo de búsqueda de paz en el mundo interno.

Intentemos desarrollar nuevos modelos de vida basados en el goce y la plenitud del amor. Modelos donde el Eros esté conectado con el amor, porque ya no habrá más mentiras ni la maldad se podrá escabullir en ellos. En el Eros está la llave para ir o al cielo o al infierno. Ya no debemos jugárnosla más con este regalo que nos dio la Creación. El Campus Global va a construir espacios de retención de agua y espacios de retención de amor.

Una cultura sexual humana

Una cooperación sin miedo con los seres de la naturaleza es libre de violencia, y una cooperación no violenta con los seres de la naturaleza es libre de miedo. Para establecer una relación no violenta con la naturaleza debemos también dar un paso adelante y tener una relación sana con nuestros propios poderes naturales. Esto es especialmente verdadero en el tema de la sexualidad. Con todas las perspectivas que hemos adquirido sobre los impulsos internos de nuestra existencia terrenal, podemos claramente formular lo siguiente: La lucha histórica del hombre en contra de la mujer fue una lucha en contra de su propia naturaleza sexual. Una nueva cultura humana se deriva de una nueva relación entre los géneros y una nueva responsabilidad tanto ética como social en el uso de nuestros poderes sexuales. Un ser humano que se ha liberado sexualmente, que es capaz de amar y con consciencia, no va a matar la vida. Desde el momento en que el trauma histórico de opresión sexual y de opresión contra la mujer se resuelva, las causas del inexpresable sufrimiento de los niños, pueblos y todos los seres vivos también será resuelto.

Mientras tengamos que esconder y distorsionar nuestro poder elemental, como el deseo sexual, seguiremos causando alteraciones energéticas en el sistema de la vida. No está al servicio de la sanación el suprimir la atracción sexual entre los géneros y reprimir nuestra propia sexualidad. Tampoco es sanador tener relaciones secretas y negarlas a nuestra pareja. Tampoco sirve para el proceso de sanación vivir una poligamia indiscriminada, y mucho menos tener sexo con niños en nombre de una malentendida "sexualidad libre". El mundo necesita una nueva cultura humana de la sexualidad, basada en la verdad y la confianza y que permita que todas las personas se encuentren unas con otras en el goce nuevamente. El mundo necesita una vida erótica que esté fuertemente conectada al espíritu de la Matriz Sagrada, liberando así a todos del miedo crónico a la separación. Una cultura sexual humana se basa en la sexualidad libre, la cual no es una decisión ideológica entre la monogamia y la poligamia, sino la liberación de la hipocresía y maldad con la que hemos teñido la sexualidad. La sexualidad libre y la pareja nunca se excluyen una a otra. Es en este punto que nos enfrentamos a la situación histórica del desarrollo de una nueva imagen del amor. La nueva cultura planetaria va a desarrollar una cultura erótica en la que la atención sexual de una persona hacia otra ya no provocará temores, celos, u odio en una tercera persona (Podríamos decir que Tamera, hasta cierto punto, ha logrado hacer visible esta posibilidad de vida).

La alianza sagrada de la vida y la cooperación con todos los seres de la naturaleza

Los campos de información para la sanación surgirán mediante una nueva cooperación con todos los seres de la naturaleza, los seres materiales y también los no materiales. Sumado a los métodos usuales, una cooperación amorosa también puede ser fomentada a través de medidas más intensas, tales como: hacer un santuario para los animales, jardines especiales de paz (Eike Braunroth), instalar piedras de cierta manera, templos en el paisaje, lugares de poder espiritual, patrones de cristal y dispositivos tecnológicos que refuercen y diseminen estos nuevos campos. Importante en esto es que siempre haya resonancia con los pensamientos y las acciones de los seres humanos. Los pensamientos que toman importancia aquí son aquellos que Sabine Lichtenfels presenta en sus enseñanzas basadas en la "Utopia Prehistórica": la relación interna entre todos los seres vivos, el significado de las culebras, sapos, búhos y muchos otros animales en la sanación, los símbolos en vida del sistema de energía cósmico y espiritual. Todos ellos son parte de la gran orquesta cósmica. Todos ellos participan con entusiasmo en el proceso de sanación global.

Muchos colaboradores de Tamera provienen de profesiones humanitarias. Sin embargo, en un sistema en que los actos más crueles ocurren un millón de veces cada día, ayudar en una situación particular parece una gota en un balde de agua. Por ejemplo, en Tamera, tuvimos problemas con perros que estaban heridos y maltratados y llegaban a nosotros en busca de protección. Ayudamos todo que pudimos pero nos dimos cuenta que el sufrimiento animal que existía era demasiado. Tampoco era suficiente pedir ayuda a las autoridades locales o a organizaciones que trabajan por los derechos de los animales. Necesitamos un nivel de ayuda superior para todos, ayuda global para todos los perros del planeta, para todos los gatos, etc. Y de esta misma manera también para todos los niños. Vamos a lograr esto cuando desarrollemos un nuevo modelo de vida que tenga un efecto global; en el que la crueldad con las criaturas ya no exista, gracias a que se manifiesten nuevas líneas de información para una vida no violenta. Este es el pensamiento subyacente.

Arterias de agua se mueven a través de la Tierra. ¿Podemos cooperar con el agua? ¿podemos transformarla en nuestra aliada para el trabajo global por la paz? Los océanos del mundo cubren el 70% de la superficie de la Tierra y contienen un mundo inagotable de vida animal. ¿Podemos cooperar con los habitantes del océano? ¿Podemos convertirlos en aliados en el trabajo por la paz global?

El mundo material, incluyendo la atmósfera, con sus procesos climáticos, está lleno de energías vitales que fluyen. ¿Podemos cooperar con esto? ¿Podemos convertir al mundo en aliado en el trabajo por la paz global?

Las plantas y árboles de la tierra son seres con alma. ¿Podemos cooperar con ellos? ¿Podemos convertirlos en aliados en el trabajo por la paz global?

Los así llamados parásitos en nuestros jardines son parte de la gran familia de la vida. ¿Podemos cooperar con caracoles, ratones de campo, pulgones, etc? ¿Podemos transformarlos en aliados en el trabajo por la paz global? (Nos referimos a las increíbles experiencias en los jardines de paz de Eike Braunroth).

Las culebras y las ratas también pertenecen a la Matriz Sagrada. Durante miles de años representaron a espíritus que atemorizaban a los seres humanos. ¿Podemos cooperar con ellos? ¿Podemos transformarlos en aliados en el trabajo por la paz global? (Basándonos en nuestras experiencias en Tamera, durante muchos años, podemos responder esta pregunta con un "SI" absoluto).

A esto es a lo que nos referimos cuando usamos el término "cooperación con la naturaleza". Se trata de ganarse a toda la naturaleza como aliada para la sanación global. Puede que suene a ciencia ficción, pero no es sólo ciencia ficción, porque es parte del proyecto de la Creación. Todos los seres de la Tierra son órganos de El Cuerpo y espíritu de El Espíritu.

La matriz teórica del proyecto

El Campus Global da cuenta de un cambio en el sistema planetario. Un cambio de la matriz de la violencia hacia la matriz de la "Alianza Global" con todos los seres. Para poder liberar a la tierra de la violencia y la guerra necesitamos accionar un interruptor global. Es este interruptor el que decidirá si los hologramas de miedo y violencia o los hologramas de confianza y cooperación serán descargados de la base de datos cósmica (el "orden implicado" del universo). La base de datos cósmica contiene ambas posibilidades, al igual que el material genético del ser humano. Tenemos la posibilidad de activar desde las bases de datos universales, tanto la antigua información de los miles de años de guerra o nuevas informaciones para un planeta sano. Esto es lo que hacemos con cada pensamiento y acto de nuestra vida diaria. La conducta humana está dirigida – probablemente igual que la conducta de todo en el universo – por campos de energía e información invisibles. Si logramos cambiar los campos de información y energía en áreas centrales de nuestra existencia, entonces enviamos nueva información a la red biológica, lo que a su vez genera cambios fundamentales en la vida de todo el planeta. De esta forma es fácil concebir que una sociedad planetaria humana se puede desarrollar, y que sus participantes ya no estarían predispuestos psicológica o fisiológicamente a acciones violentas porque ya no recibirían impulsos en esa dirección. Ellos vivirían en un holograma diferente. De las muchas posibilidades en

38

la base de datos cósmica, un mundo de amor sanador y solidaridad se ha manifestado en si mismo. Puede que suene como un sueño, sin embargo es una realidad alcanzable. *"Lo que puede ser pensado, puede ser realizado"* (Einstein). – De manera concisa esas son las líneas básicas teóricas de nuestro trabajo. (Ciertamente, estos no están aun terminados y en los escritos de Dieter Duhm podrán encontrar más profundidad en la información aquí presentada)

El concepto teórico ha sido desarrollado tras años de investigación y hoy en día está en la base de nuestras acciones. El mensaje es claro: La lucha entre las fuerzas de vida y las fuerzas de destrucción se pueden decidir claramente a favor de la vida, siempre y cuando tomemos las decisiones adecuadas en temas ecológicos, sociales y éticos. Los perdedores de ayer pueden ser los ganadores del mañana. Estrictamente hablando, ya no habrá perdedores si la humanidad cambia la orientación, desplazando nuestra mirada desde el poder y la ganancia, hacia las leyes universales de la vida y la estructura de alto nivel inherente a todas las cosas en el universo, la cual llamamos "Matriz Sagrada". Los "jugadores globales" de la nueva era no tienen pensamientos de venganza y represalias, ya que trabajan en sus centros y en sí mismos para desde ahí poder construir paz estructural, teniendo Grace como santo y seña. No se trata solo de poner fin a la violencia y la guerra, sino también de cambiar las condiciones subyacentes que repetidamente reproducen la violencia. El miedo es la condición subyacente principal en todos los sistemas de injusticia. Eduar Lanchero es uno de los portavoces de la bien conocida Comunidad de Paz de San José de Apartado en Colombia. En los últimos años, casi 200 miembros de la comunidad han sido cruelmente asesinados por los militares, los paramilitares, y la guerrilla. En un encuentro del Campus Global el dijo: *"Los grupos armados no son los únicos que matan. Es toda la lógica detrás del sistema. La manera en que las personas viven produce esta muerte. Por lo tanto, hemos decidido que debemos vivir de tal manera que nuestra vida no cree muerte, sino vida. Una condición fundamental que nos ha mantenido con vida, ha sido el no unirnos al juego del miedo al que los grupos armados tratan de obligarnos con las muertes. Hemos tomado una decisión. Nuestra elección es la vida. La vida nos corrige y nos guía."*

Es labor del sistema del Campus Global apoyar en todo lo que sea posible a comunidades de paz como esta. A través de la amistad, cooperación y ayuda concreta a nivel humano y técnico. *"El miedo debe desaparecer de la Tierra"*, dijo Michael Gorbachov. Intentamos crear, con todos los recursos científicos, tecnológicos, sociales y espirituales, las condiciones previas adecuadas para que esto ocurra.

Extension global

La matriz teórica lleva a un nuevo modelo para la extensión global. No consiste en trabajos de misioneros a nivel global, ni en maniobras elaboradas de relaciones públicas, sino en la lógica funcional de sistemas holísticos: la extensión ocurre por sí misma, automáticamente, cuando el trabajo realizado cumple con las leyes internas de la matriz universal (esta es la razón por la que el proyecto de Tamera ha podido sobrevivir hasta el día de hoy, a pesar de todos los ataques en su contra). Apenas los primeros modelos entren en funcionamiento, estos se van a replicar en todo el mundo, ya que los nuevos campos de información son campos globales, almacenados en la base de datos cósmica y grabados en la matriz genética de la vida en la tierra. Cuando la información central de confianza y solidaridad se activa en una población un cambio ocurre en todas las otras áreas de la vida, se genera una apertura general de los canales, los cuales hasta ahora habían estado bloqueados por el miedo. La información se expande por si sola a través de la red biológica, donde alcanza a todos los participantes en forma de una "holo-onda" o "onda-portadora". Partiendo de este concepto, podemos comprender cómo acciones locales pueden tener efectos globales. Una decisión tomada aquí y ahora puede dar como resultado una cadena de reacciones de nuevas decisiones en otra parte del planeta. Las leyes de construcción de campos en sistemas holísticos están operando aquí. En las primeras décadas del siglo 21 nuestros hijos y nietos conocerán las atrocidades de la historia de guerras imperialistas sólo a través de los textos escolares. El cambio se llevará a cabo rápido. Estamos en el punto previo a la ebullición de la revolución planetaria. Trabajar por la paz hoy es participar activamente y con consciencia en este proceso global.

Comentario final

En un comienzo, para algunos lectores, este proyecto puede parecer ilusorio. Pero una vez el internet WI-FI también parecía una ilusión. Es aún sólo un muro de hábitos de pensamiento antiguos lo que nos separa de nuevas posibilidades. Este proyecto se basa en la investigación y experiencia en comunidad, que hemos realizado a lo largo de 34 años en una comunidad creciente en Alemania y Portugal, que cuenta hoy con 170 participantes. Nos dimos cuenta que en todos los acontecimientos algo nos guiaba y nos llevaba siempre por nuevos caminos. Nos sentimos inclinados a decir: en realidad este proyecto no fue iniciado por nosotros, sino que fuimos empujados a realizarlo. Representa una nueva dirección en la evolución, la cual está siendo preparada en todas partes actualmente. Los poderes que nos guían son fuerzas de transformación global, en la cual las formas básicas de la Matriz Sagrada se manifiestan en la Tierra. Los grupos y proyectos que toman una postura hacia la vida en el cambio actual de sistema, están cooperando con altos poderes y se encuentran por ello bajo alta protección. Este movimiento ya no puede ser detenido. Detrás de todas las turbulencias, surge una nueva comunidad planetaria, donde ya no se permite ninguna violencia. En el centro está la redescubierta unidad de toda la vida y solidaridad con todas las criaturas. Completamente en su centro está la redescubierta luz de la Fuente, de donde todos venimos. Hemos llegado al umbral de un cambio global que tiene una extensión inimaginable.

LA TIERRA NECESITA UNA NUEVA INFORMACIÓN

Monika Alleweldt, 2013

Con todas las posibilidades que nos han sido dadas debemos poner fin al dolor global.
Dieter Duhm

El sueño de la humanidad por habitar una Tierra sin guerra ni violencia no debe limitarse a ser sólo un sueño. Es un propósito realista, según afirman el psicoanalista y fundador del proyecto Dr. Dieter Duhm y su equipo. A lo largo de más de 30 años de experiencia e investigación en la construcción de proyectos futuristas, han desarrollado la llamada "Teoría Política". Esta establece los fundamentos de un plan de paz no convencional, cuyas características principales ya han sido puestas en práctica. El proyecto se encuentra ahora ante el próximo paso en su realización. Por ello ahora se debe dar a conocer a un público más amplio. Urge. La llamada de emergencia de la Tierra se ha vuelto tan clara y tan absolutamente necesaria, que ahora debe propagarse el conocimiento de cómo podemos liberar a nuestro planeta del dominio completo de la violencia.

La mayoría de nosotros nos mantenemos en la aseveración, de que una próxima era de paz sobre esta Tierra sacudida por guerras, está aún tan lejos de ser realizable, que no se valora siquiera el hecho de ponerlo a prueba. Pero tenemos que tener en cuenta que: hace pocas décadas no había nadie que pudiera imaginar internet sin cable y telescopios Hubble en el espacio. Actualmente ya se está preparando seriamente un asentamiento sobre Marte. Los planes incluso consideran la transformación de la atmósfera de

Marte con un "terraforming". Por supuesto que, con la misma inteligencia usada para razonar y realizar tan altos desempeños en el rendimiento técnico, la humanidad también puede trabajar sobre la cuestión de cómo liberar a la Tierra del miedo y la violencia. Es una cuestión de nuestra voluntad y nuestra orientación. (Además: si no encontramos ninguna respuesta a estas preguntas, el problema terrestre de la violencia encontraría de todos modos sobre Marte su continuación fatal).

Nuevos pensamientos liberan el potencial de nuevas acciones. Grandes teorías preparan el camino para grandes revoluciones. Agradecemos a todos los que están preparados a comprender paso por paso la Teoría. El documento presentado contiene pensamientos que conducen hacia la Teoría Política y el plan de paz que de ahí resulta. Para la entera comprensión de la teoría será necesario estudiar más literatura relacionada con este tema. La lista correspondiente puede encontrarse al final del libro.

Compasión con el Mundo

La Teoría Política nació de la compasión. Fuerzas intelectuales y emocionales se han unido en ella, de tal manera que la vista se libera para posibilidades de acción y de ayuda eficaces. Compasión en aquello que sucede en el mundo es la clave para entender la Teoría. A la vez, es también una clave para la curación personal. Aquí la curación mundial y la curación individual coinciden.

En su libro "Un futuro sin guerra" escribe Dieter Duhm: *"En muchas regiones de la Tierra domina actualmente un sufrimiento, que sobrepasa nuestra imaginación. Ya no tenemos más posibilidades para reac-*

cionar ante ello, cuando oímos lo que se hacen los humanos entre sí, lo que hacen a los niños, lo que hacen a pueblos enteros, lo que hacen a los animales. Lo atroz es demasiado atroz, como para darle paso en nuestra alma. Se sabe que esto sucede en todos los continentes, pero ya no hay reacción ante ello; se ha vuelto de una magnitud abstracta y formal."

Se ha generalizado una costumbre colectiva de blindarse y reprimirse. Buscamos refugio en una existencia privada, y ya no buscamos más soluciones globales. Pero de esta manera el objetivo de los poderes negativos se cumpliría, no quedaría ninguna oposición, "Un mundo feliz" estaría definidamente establecido, los millones de seres torturados, mutilados, esclavizados, aprisionados, hambrientos y sedientos, perderían su ultimo apoyo. Si no queremos que esto suceda, tenemos que mantener en nosotros la fuerza y la capacidad de participar en el mundo, en el destino de la víctima y en el destino del opresor, sin caer en miedos o resignación. Para el trabajo en un nuevo futuro necesitamos mantener el corazón abierto. Para ello debemos ver una perspectiva realista de cómo se puede dar fin a esta miseria global.

Neale Donal Walsch en su libro "Conversaciones con Dios" escribió con respecto a esto, que el día en el que queramos realmente terminar con el hambre en el mundo, ya no habrá más hambre. *"Habeis elegido no hacerlo".* Es nuestra elección, con qué preguntas nos ocupamos diariamente. Es nuestra elección, en qué meta nos involucramos. En el momento, en el que queramos realmente terminar con la guerra, también encontraremos el camino.

Cambio de era

Nos encontramos en un cambio de época de la era material, en la que una sola cosa o un solo suceso se encontraba en primer plano, hacia una era en la que todas las cosas y sucesos están conectados entre sí, es decir la oscilación, la frecuencia, la información, se encuentran en el punto medio de nuestras contemplaciones.

No es el átomo lo que compone el mundo material, sino la información. Al principio fue la palabra. El comportamiento humano es - como probablemente todo en el universo- conducido por campos de información y energías invisibles. La Tierra, con sus montañas y mares, su mundo vegetal, sus animales, humanos y culturas, forma un único cuerpo viviente en oscilación. Hay algo, que es en todos igual. Podemos estudiar los flujos de la vida en todos lados, en las corrientes de los arroyos o en la corteza de los árboles, en una concha o en el propio cuerpo. Todo ha surgido de la misma gran creación, que oscila y pulsa en el gran ritmo cósmico, permite latir a nuestro corazón y ordena y vitaliza nuestros pensamientos. Es una profunda oscilación de serenidad. De ahí el mantra: de la serenidad emana la fuerza. Los deportistas lo experimentan, cuando están en "la zona". Quien está en conexión con esta fuerza, puede mover montañas.

La gran unidad del mundo y la correspondencia entre todos sus seres fue experimentada y descrita en colores extáticos una y otra vez por los místicos religiosos. Hoy, esta unidad está siendo descrita desde diversas orientaciones intelectuales, desde la física cuántica hasta la holografía, todo desde el sobrio lenguaje de la ciencia. Nuestro cuerpo es un organismo tan unificado, que se compone de los más diversos órganos y células y es coordinados por una "central" invisible. En cada segundo se llevan a cabo en nuestras células movimientos moleculares de gran precisión, sin tener que dedicar una sola pizca de nuestra atención a ellas. Vale la pena, hacer una pausa aquí y considerar admirar este milagro.

Es el mismo principio de auto-organización de la vida el que podemos estudiar aquí en nuestro cuerpo terrenal, individual. Y así, como los diferentes órganos de nuestro cuerpo tienen su tarea especial, para producir un todo funcional, la raza humana tiene su tarea específica en el plan de la creación. No puede actuar en contra de ella a largo plazo.

Volverse socios de cooperación para la vida

El humano ha diseminado sobre la Tierra una frecuencia perturbadora, dura y destructiva, mediante la cadena global de miedo y violencia, mediante guerras y homicidios de pueblos, mediante la destrucción de la naturaleza y sus criaturas; protegiéndose así, hasta cierto punto, de los campos de información auto-organizados de la vida. El mundo original de la unidad está hoy fuertemente dañado y sobrecargado de estas frecuencias perturbadoras. Así fue posible, que los sistemas sociales siguieran los principios directivos del lucro, el dominio y la explotación, a pesar de atentar tan descaradamente contra la lógica de la vida y la naturaleza. Los problemas globales de nuestra era son el resultado de esta colisión entre el sistema capitalista creado por el humano y el sistema natural de la vida.

En cada momento, con cada pensamiento, cada palabra y cada obra decidimos cuál información estamos mandando al mundo, si estamos del lado del miedo y la violencia o del lado de la curación y la confianza. Es nuestra decisión. Peregrina de la Paz dijo: *"Habla, piensa y actua de tal manera que la paz creyca en ti"*. Esta es una forma de activismo pacífico. En cada momento, donde podamos orientar el "interrumptor" hacía la confianza, damos una salida al sufrimiento global. Todo es un continuo. La vida necesita en todos lados socios humanos de cooperación que reconozcan esta lógica. *"Si la vida triunfa, no habrá más perdedores."* (Dieter Duhm).

En todos lados sobre la Tierra se está trabajando en soluciones para los problemas de nuestro tiempo. Hay soluciones, sobre cómo podríamos, en pocos años y a nivel mundial, sanar la situación del agua y proveer a todas las criaturas con suficiente agua potable. Hay experiencias sobre cómo se podría hacer brotar de nuevo agua de manantial. También aguas muy contaminadas pueden volver a ser purificadas. Donde el problema del agua esté resuelto, también se verá una solución práctica para el problema del hambre en el mundo. Hay soluciones para, a través de medidas locales, impedir el amenazante colapso climático. Hay soluciones para la cuestión global de abastecimiento energético sin el gasto de combustibles fósiles o recursos renovables…

Sin embargo, gran parte de estas unidades informativas corren en vía contraria de los intereses de la globalización. Están siendo reprimidas estructuralmente. De esta manera la conciencia mundial queda marcada por pensamientos de carencia, infructuosidad e impotencia, a pesar de la diversidad de soluciones. Necesitamos agrupar estas unidades informativas en un conjunto informativo. Todas ellas son parte del rompecabezas de una imagen. Si colocamos de forma correcta todas las piezas, reconocemos la imagen completa, el sueño de la humanidad. Si se logra, de manera concreta, hacer visible esta imagen en diferentes regiones de la Tierra, se iluminará y diseminará – tan irrefrenablemente, como una idea cuyo momento ha llegado.

Mientras tanto necesitamos una alianza de personas inteligentes, para expandir sobre la Tierra una frecuencia superior, una corriente cálida, un movimiento de participación y comunión, y mediante estas frecuencias portadoras comunicar los contenidos correspondientes. Debe lograrse ablandar la dura frecuencia perturbadora. Los latidos del corazón deben volverse audibles de nuevo, crear una perspectiva reconocible, que pueda dar una nueva orientación a nuestras oposiciones y protestas, nuestra fuerza y amor. La Tierra necesita una nueva información.

Para ello necesitamos junto al apoyo técnico y económico, junto a protección política y espiritual, sobretodo una cosa: un concepto global.

Un Concepto global de Paz

"Nunca cambiarás las cosas luchando contra la realidad existente. Para cambiar algo, construye un nuevo modelo que convierta el existente en obsoleto."
Buckminster Fuller

Dieter Duhm y su equipo desarrollaron la idea de realizar una futura sociedad de paz en primer lugar a través de un modelo, así como por ejemplo en la industria, donde primero se construye un prototipo, antes de fabricar un producto en serie. Los prototipos son en este caso centros especiales de investigación, los llamados "Biotopos de Curación". En estos centros se ponen en práctica las correspondientes soluciones parciales, conectándolas entre sí y desarrollándolas. De esta manera emerge un conjunto de información complejo, la imagen de una cultura global de paz. La Teoría Política fundamenta porqué unos pocos de estos centros sobre la Tierra bastarían, para efectuar a nivel global un cambio repentino del sistema actual de violencia a una nueva era de paz. En consecuencia, su plan de paz prevé construir concretamente esos pocos modelos. Un primer modelo de estos, es el Centro de Investigación de Paz Tamera en Portugal, que fue fundado por Dieter Duhm, Sabine Lichtenfels y otros en 1995 y tiene hoy unos 170 colaboradores. Aquí se han desarrollado un "Instituto de Trabajo por la Paz Global", un "Ashram político", un Paisaje de Retención de Agua, autarquía regional, permacultura, la "Aldea Solar", un santuario de animales, una república de niños, una escuela libre, una plataforma educativa internacional (Campus Global), un centro de arte y curación, una Escuela Global de Amor y mucho más. Grupos en Israel-Palestina, Colombia, México y otros países preparan la construcción de modelos similares. El proyecto está claramente en su camino de realización, pero aún queda mucho por hacer.

En su libro "Un Futuro sin Guerra" escribe Dieter Duhm: *"Determinante para el éxito de tales proyectos de paz no es el tamaño ni la fuerza (en comparación con los actuales aparatos de violencia), sino cuán amplios y complejos son y cuántos elementos de la vida convergen y se unifican apropiadamente. En la formación de campos de la evolución no vale la "ley del más fuerte" sino el "éxito de la diversidad". De otro modo no se ha-*

bría podido llevar a cabo ninguna evolución, pues todos comenzaron pequeños y modestos".

En el centro de este proyecto de paz reside una nueva información, la imagen de una posibilidad de vida real. Quisiéramos mostrar el poder de tal imagen basándonos en un caso que relata en su libro el curandero y médico Arkady Petrov, "La Creación del Mundo. Parte 1". (Pedimos no desviarse con la cuestión de si creer o no en este tipo de curación. Tampoco se trata para nosotros sobre los trabajos de ciertos médicos o curanderos. La experiencia relatada a continuación se expresará por sí misma mucho mejor.)

Una experiencia curativa

Cuando Denis A. tras un grave accidente de coche fue hospitalizado en el Hospital de Moscú, los médicos no tenían esperanza de que sobreviviera y consultaron a Arkady Petrov. Fue de prisa con sus dos jóvenes asistentas hacia la unidad de cuidados intensivos. Las asistentas, dotadas de clarividencia, se vendaron los ojos y miraron como médium al gravemente herido. Petrov relata:

"El consciente de Denis está casi extinto. No quiere soportar el dolor, no quiere vivir, no sabe por qué vivir. Para mí y mis asistentas significa, en primer lugar devolverle a Denis el objetivo de la existencia, el sentido de su vida, para que él quiera luchar por su vida. ¿Pero cómo se puede hacer esto?

Las jóvenes observan una imagen en el consciente de Denis: un pequeño bebé. Le aumentan el tamaño de la imagen. Hace poco Denis tuvo una hija. El amor por ella podría ser el objetivo de su vida. Energéticamente le aumentan el holograma. Los pulsos mentales de Denis comienzan a recobrar fuerza lentamente. De pronto De-

nis comienza a llorar. Curioso, cómo un hombre que se
encuentra en coma, puede llorar."
Un proceso curativo no convencional es aplicado. Las
jóvenes organizaron un servicio especial y no dejaron
al gravemente herido energéticamente solo en ningún
momento. Tras dos semanas Denis volvió a abrir los
ojos. Aún no puede hablar, pero mediante un apretón
de manos confirma que se encuentra mejor. Después de
un tiempo mejora lo suficiente y lo dan de alta.

Activación de la Matriz Original

La curación de Denis fue posible mediante una imagen
en su alma, la cual le impulso a luchar por su vida. Era
una imagen de su amor. Mediante esta imagen despertó
la voluntad de la vida y se activó un potencial, capaz
de liberar grandes fuerzas auto-curativas. Fue una
información la que aquí determinó sobre la vida o la
muerte.

Podemos transferir este evento del individuo a la
humanidad, y suponer que también en este nivel una
información conductora o, como dicen los pueblos
indígenas, un "sueño", yace en el centro y que podría
tener una importancia similar en la continuación
evolutiva del humano y la Tierra.

Cuando la norteamericana Lynne Twist dio con el
representante de la selva virgen de Achua (en aquel
momento, una de las ultimas tribus intactas del
Amazonas), los indígenas le pidieron insistentemente:
"si realmente quieres ayudarnos, no vengas a nosotros.
Vuelve a tu mundo y cambia el sueño de tu cultura. Es
aquél por el que perecemos." Lynne Twist volvió y fundó
la Pachamama Alliance, una organización, con la que,
hasta hoy, junto con miles de personas se propone

aclarar el contexto global y mostrar alternativas con la meta, de cambiar el "sueño" del capitalismo.

Hoy, incluso gobiernos como los de Bolivia y Ecuador desarrollan el concepto de un sueño diferente. Lo llaman "Buen vivir" o "Vivir Bien". El concepto se apoya en tradiciones y cosmovisiones indígenas. Sin embargo hasta ahora solo existe de manera escrita. Por eso también en Bolivia continua la expansión de la globalización. (Deseamos que Bolivia se conecte con la idea de crear modelos y soporte la construcción de un lugar, donde la idea del "Vivir Bien" pueda ser realizada de manera concreta en la vida diaria.)

El autor ruso Wladimir Megre describió en sus libros sobre "Anastasia" el anhelo de un vida simple y casi religiosa en el campo de una manera tan adecuada, que millones de jóvenes rusos fueron motivados, a renunciar a sus trabajos en las ciudades y a mudarse al campo. Comenzaron a trabajar sobre las correspondientes condiciones exteriores de la vida. Ahora surge la cuestión para los primeros de ellos, ¿cómo se pueden lograr también las condiciones internas para que los principios de solidaridad y comunidad designen su convivencia?

El sociólogo, político y futurólogo holandés Fred Polak, muestra que una imagen positiva sobre el futuro es el factor más importante que determina si una civilización asciende o desciende. (The Image of the Future, 1973, Fred Polak).

Estos son sólo algunos de los ejemplos que señalan la fuerza y la importancia que tienen estas imágenes.

En nuestro contexto la pregunta central es: ¿cómo debe ser la imagen que sea capaz de entusiasmar a toda la humanidad? ¿Qué imagen llevaría a la humanidad a luchar por su supervivencia y por la supervivencia de todo el Planeta? ¿Qué meta les llevaría a dejar todas las disputas atrás, para lograr su cometido común uniendo sus fuerzas?

Siguiendo la lógica de la Teoría Política podemos decir primero que: una nueva imagen puede sustituir a la actual imagen sólo si ésta última no es simplemente negada sino integrada dentro de un plano superior. Segundo: que la nueva imagen debe estar libre de contradicciones. Tercero: por lo menos en sus primeros planteamientos, tiene que ser realizada de manera concreta. Tiene que funcionar. Esta materialización debe suceder como ejemplos en algunos proyectos pilotos a escala mundial, para que la imagen pueda ganar validez global.

Imagínense que existiera esta imagen sanadora con la que pudiéramos activar la "matriz original de la humanidad", con este potencial de curación colectivo. La humanidad se orientaría a partir de hoy en dirección a la curación en vez de ir en dirección a la destrucción. Ahora estaríamos de acuerdo por ejemplo en usar los gastos de producción de armamento para salvar los mares, para volver a enverdecer los desiertos, para la protección de todos los animales, para la construcción de economías sostenibles, para crear ganancias ener-géticas con una fuentes inagotables de energía, para vehículos operados con energía solar, para escuelas en las que se aprenda compasión y amor, incluyendo el amor físico, para una religión sin castigo ni purgatorio, que impulse al humano a crear el paraíso sobre la Tierra en vez de desplazarlo al cielo.

La Tierra estaría transformada por completo en muy poco tiempo.

El conocimiento sobre cada uno de estos aspectos está disponible, o podría estar en poco tiempo profundizado y desarrollado. ¿A qué se debe entonces nuestra falta de creencia por poder crear una Tierra sana? En cuestión de técnica el ser humano actual no duda. Por eso casi todo es realizable. Pero cuando se trata de paz, de crear una concordancia entre humanos para una meta común, entonces se llega rápidamente a los limites de lo pensable. ¿Por qué no ha encontrado el humano la información sanadora hace tiempo?

El Trauma colectivo

Dieter Duhm es sociólogo y psicoanalista y fue uno de los que encabezaron la izquierda alemana en los tiempos del movimiento estudiantil del 68. Su libro "Miedo en el Capitalismo" se publicó en el año 1972 y se convirtió en un bestseller. Unió su conocimiento psicoanalítico sobre los procesos interiores del humano con la pregunta de cómo sería posible crear una revolución global en el exterior. Describió el "trauma colectivo", un miedo arraigado en lo profundo del inconsciente de cada ser humano, y lo elevó del orden individual del humano a un contexto histórico. A través de la historia milenaria de violencia este miedo recorre la humanidad como un sistema nervioso invisible.

Para que no se repita este trauma los humanos han desarrollado un registro entero de estrategias defensivas, que se activan cada vez que uno se aproxima al punto de miedo. Nuestra vida diaria, nuestros temas de conversación, nuestro entendimiento político, nuestras relaciones amorosas son impuestos por estos comportamientos defensivos explosivos e irracionales. Bajo este comportamiento irracional se derrumban las más hermosas Utopías. El trauma inconsciente logra transformar un gran amor en una guerra permanente que rompe los nervios. El mundo entero perece hoy por ello.

Una de las peores estrategias es trasladar nuestro miedo hacia un objeto del exterior, en vez de resolverlo en nuestro interior. Así se crean las imágenes del enemigo, contra las que podemos luchar. Esto crea alivio a corto plazo, pero crea a cambio un miedo a largo plazo inconmensurable. Es nuestra proyección de miedo, por la que nuestro entorno, nuestros prójimos, incluso nuestras parejas amorosas pueden llegar a parecernos amenazas potenciales. El trauma nos tiene en sus manos si sometemos nuestra vida entera a una instancia castigadora imaginaria y nos aplacamos bajo unas condiciones sociales que no nos gustan, en vez de realizar nuestros sueños juveniles.

El miedo viene de la estrechez y actúa como un campo minado, que puede estallar en cualquier momento en forma de ira, odio, celos, sadismo o violencia directa. *La guerra habita ocultamente en cada paz* dijo una vez el poeta Hermann Hesse. Es el trauma colectivo el que transforma a buenos padres de familia en verdugos de campos de concentración. Es el trauma colectivo lo que nos hace profundamente corrompibles. Si no habitara en nosotros este miedo constante e inconsciente, y por consecuencia no estuviéramos dispuestos latentemente a la violencia, entonces tampoco podrían unos pocos dominadores manipular la población mundial hacia el ocaso. Ahora entendemos porqué siempre vamos a perder la lucha externa contra el poder imperialista, si no disolvemos asimismo el cimiento de este poder que nos habita dentro. Por eso pudo decir Dieter Duhm en el movimiento del 68: *revolución sin emancipación es contrarrevolución*". O con sus palabras de hoy: *"una revolución que no ha sucedido en el interior, tampoco sucederá en el exterior."*

La información nueva que buscamos se oculta tras los muros de este trauma. Por eso es, y ha sido, tan difícil de encontrar. Por eso esta nueva información no puede crearse simplemente en un escritorio, sino que necesita espacios prácticos de curación donde el trauma pueda ser disuelto por los primeros humanos, sirviendo de ejemplo.

La nueva información y la construcción de centros de curación revolucionarios

"El ser social define la consciencia" dijo Karl Marx. En este sentido Dieter Duhm sigue siendo marxista cuando dice que la solución al trauma exige un nuevo ser social. Por eso separa el concepto de "curación" del contexto terapéutico y lo sitúa en el centro de un movimiento revolucionario. La sociedad curativa que buscamos no puede cumplirse mediante llamamientos, leyes, reformas o programas de partidos. Mediante estas medidas no se sana el trauma. Además los nuevos paradigmas todavía deben ser encontrados y sintonizados entre ellos.

Los centros serán construidos por personas que estén dispuestas a una transformación radical y una autorrevelación. No lo hacen solamente por ellos, eso no podría tener éxito. Lo hacen representando a toda la humanidad. Buscan el elixir, del cual podrá surgir un nuevo mundo: confianza. Confianza entre hombre y mujer, adultos y niños, humano y naturaleza, individuo y comunidad. Donde la confianza sea restaurada, ahí surge la semilla cristalina del nuevo futuro. Todos los aspectos de la vida estarán integrados en la investigación y eliminados del patrón de la violencia: desde los medios de vida externos como agua, alimentación y energía, hasta las fuentes interiores como arte, comunidad, religión y Eros.

La imagen nueva no puede ser simplemente concebida y enviada a la humanidad a capricho. Es más bien un sueño humano latente, el que debe ser redescubierto, tan bello y conocido desde el principio, que difícilmente alguien se atreva a creer en él. Es el sueño de un mundo sin guerra, donde se ha dado la gran reconciliación entre todos, los que una vez se vieron como enemigos; reconciliación entre pueblos y religiones, entre hombre y mujer, entre humano y naturaleza.

Para volver a creer de nuevo en esta imagen, tienen que volver a relacionarse tres aspectos en el interior del humano y en el interior de su cultura: religión, naturaleza y Eros. Nuestro amor por la religión, por los orígenes, por la luz, por el mundo espiritual-mental debe volver a conectarse con nuestro amor por la naturaleza, por todas sus criaturas que reptan, gruñen y se arrastran, por sus flores, sus aromas y frutos, por sus arroyos y mares, sus colinas y montañas. Y ambos deben volver a ser capaces de reconectarse con nuestro amor por la humanidad, sobretodo con el amor por nuestro género opuesto, por el hombre y la mujer, por la carne, por el placer, por el deleite y por la materia.

Donde se permita volver a cubrir estas tres áreas de nuestra existencia, se curará el corazón humano, que ha sido lastimado durante tanto tiempo. Una nueva humanidad puede resucitar, madura debido a la dolorosa experiencia de una larga historia de guerra,en la que ha estado enredada, erigida mediante una fe recuperada en sí misma, fortalecida por un No absoluto e incondicional ante cualquier forma de violencia.

Ahora hemos alcanzado el punto de origen, desde el cuál se puede desarrollar un futuro sin guerra. A partir de ahora el mundo que nos ha creado, podrá iluminar sobre el mundo que hemos creado, reflejarse en nuestros pensamientos y obras, nuestros jardines y campos, nuestra cultura y técnica, nuestras sociedades y relaciones amorosas. A partir de ahora estamos en resonancia con las grandes fuerzas elementales. A partir de ahora *"atraemos hacia nosotros todas las informaciones y aprendizajes que necesitamos, para desarrollar nuestras facultades en favor del bien común"*, como ha dicho Dhyani Iwahoo. A partir de ahora ya no estamos en el carril del horror y la guerra, sino al servicio de la calidez para todo lo que tiene piel y pelaje.

En su libro "Un Futuro sin Guerra" escribe Dieter Duhm: *"El problema principal, la pregunta no es si los nuevos centros globales puedan tener un efecto, sino si somos capaces de construirlos realmente. Exactamente porque son parte del Todo, el Todo también dependerá de ellos. Sólo podrán funcionar si van de acuerdo a los "fundamentos universales", que tienen en común con el Todo. Este fundamento universal es la base invulnerable de todo humano, su fuente común y su don, su núcleo divino. Se muestra en la capacidad para la verdad, para el amor y para el reconocimiento de un orden superior de vida. Las nuevas comunidades comienzan a tener un efecto global, cuando han encontrado dentro del tejido humano la dimensión, en la que todos los habitantes de la Tierra están conectados entre si y con todas las criaturas de la vida. Sobre esta base convergen y se unen todos los fragmentos de la vida, que han estado separados durante tanto tiempo: hombre y mujer, humano y humano, sexualidad y espíritu, eros y ágape, humano y naturaleza, humano y Dios. Aquí se muestra la irrefutable dimensión espiritual del futuro trabajo curativo. Curación es el retorno del destierro, la supresión del dolor original, que surgió durante la separación".*

Una estación transmisora para la Paz

Para continuar ahora este trabajo de manera razonable, debe darse a conocer a un público más amplio. "La Tierra necesita una nueva información" significa en primer lugar y al nivel más obvio que la humanidad tiene que enterarse de este proyecto. El conocimiento para la construcción de un nuevo futuro debe alcanzar a toda la humanidad. Deben saber cómo superar su crisis material y psíquica y poder colaborar para una Tierra sin guerra. Entonces habrá encontrado una dirección por la que valga la pena sobrevivir.

Debe entablarse una cooperación entre aquellos,que construyen los Biotopos de Curación y aquellos que continúan su trabajo dentro de la sociedad y que desde afuera quieren apoyar y proteger los centros. Así surge un nuevo tejido de comunicación. Incluye potencialmente a todos, pues es lógica pura no delimitar con el exterior. Todos pueden formar parte en la construcción de este sueño común.

Nos encontramos con la tarea de levantar una primera "estación transmisora para la paz" dentro del Biotopo de Curación que se está creando en Tamera, con cuya ayuda deberíamos comunicar alrededor del mundo la imagen de una nueva paz. Esta estación transmisora abarca las subdivisiones más diversas:

Hemos puesto en marcha la "Escuela Terra Nova", con la que todos aquellos que quieran construir en sus países un punto de apoyo para este "sueño", serán provistos de información y material de estudio. La escuela tiene el curriculum más extenso y bello que uno podría imaginarse. Lo componen tres áreas: "cooperación con la naturaleza", "aprender el amor" y "un nuevo pensar". El plan de estudios contiene un manual de construcción de generadores de biogas, sobre nuevos pensamientos sobre el amor, relación de pareja y sexualidad, hasta textos de estudio sobre los diferentes aspectos de una nueva imagen mundial. Las lecciones deben estar disponibles en Internet, de forma gratuita o en base a donaciones. El "Campus Global" asume la continua educación práctica y acompaña sobretodo a los grupos, que quieran seguir con la construcción de tales centros de investigación. El departamento de comunicación "GraceMedia" comunica los resultados y pensamientos fundamentales en forma de "Video-Clips", en cortos y en películas educativas. El grupo "Arte político" reproducirá el deseado futuro con distitivos, tablas con textos, pósteres, imágenes y esculturas. La "Editorial Meiga" publicará libros y textos de estudio con los temas más diversos. "Writers for Peace" es un grupo de periodistas, que distribuyen la nueva información sobre sus "Blogs", comentarios, y artículos.

En alegría anticipada por el futuro.

II LA CURA DEL AMOR

COMUNIDAD COMO TEMA DE INVESTIGACIÓN

Extracto de Descripción del Proyecto I

Dieter Duhm, 2005

Felicidad es estar seguro en algo mayor.
La satisfacción en la vida también depende de la respuesta que soy capaz de dar a la pregunta: ¿para qué o quién haces esto? Si la respuesta esta convincentemente orientada hacia algo mayor que la propia persona, una vida satisfactoria podría ser realizada. Problemas personales necesitan un nivel de orden más elevado para ser solucionados. Uno de estos niveles de orden más elevados es la comunidad. Comunidad significa vivir en un base comunitaria en vez de privada. Tal vez esto sea uno de los cambios de paradigma más radical de todos: el cambio moral y espiritual/mental de un modo de vida privado a uno comunitario. Solo así pueden ser desmantelados duraderamente los mecanismos de protección y defensa a los que las personas de nuestro tiempo fueron habituados en su existencia aislada. El proyecto de los Biótopos de Curación sufrió a lo largo de los 30 años de su historia de formación algunos grandes golpes del destino.

¿Cómo es que la comunidad pudo sobrevivirlos?

Porque había desarrollado un campo de energía suficientemente fuerte para la unión humana. Los participantes ya estaban suficientemente familiarizados con las reglas de la forma de vida comunitaria para no caer en resignación individual.

Comunidad significa conocer realmente a otras personas y ver quienes son verdaderamente. Poco a poco llegaremos a ese mundo humano que está por detrás de nuestras películas y fachadas. Aquí ocurren los verdaderos encuentros de centro a centro, de verdad a verdad, de los cuales surge la verdadera confianza. La confianza es la fuerza curativa más primordial y efectiva de todas. Por esto, la primera de todas las tareas de una comunidad es esto crear confianza entre los participantes. ¿Es posible tener una noción de lo que esto significa? ¿Hay consciencia de cuantas brechas fueron abiertas en la época patriarcal de la historia: entre hombre y mujer, entre padres e hijos, entre jóvenes y viejos, entre pueblos y culturas? La tarea de restablecer la confianza original perdida es equivalente a la tarea de activar corrientes de información completamente nuevos en el código genético humano. Antiguos modelos de conducta tienen que ser dejados de lado y substituidos por nuevos. Es un proceso de aprendizaje sin igual. ¿Pero no tiene razón Elisabeth Kübler-Ross cuando dice que todos los procesos de aprendizaje en la vida llevan en última instancia a un aprendizaje del amor? ¿Y no deberíamos ser capaces de esto? Aumentemos de una vez nuestra distancia a esta cuestión. La humanidad ha construido estaciones espaciales en el universo, inventado proyectiles autopilotados, descodificado el código genético y disparado con nanocañones contra células de cáncer – ¿no debería ser también capaz de solucionar sus temas interiores con igual empeño y perseverancia?

NO HABRÁ PAZ EN LA TIERRA, MIENTRAS HAYA GUERRA EN EL AMOR

Manifiesto para la fundación de la Escuela Global del Amor

Sabine Lichtenfels, 2013

El amor y la sexualidad son cuestiones políticas a las que ya no podremos cerrar los ojos.

El amor es más que un sentimiento. Se necesitan estructuras sociales, en las que el amor se pueda vivir y hacer realidad. Se requiere de un sistema ético en que podamos ser auténticos.

Independientemente de como vivamos nuestras vidas personales en este momento e independientemente de si vivimos solos o en comunidad, célibes, casados, monógamos o polígamos: trabajamos juntos hacia perspectivas para nuestros hijos y para las generaciones venideras.

Necesitamos respuestas en el área del amor, para que nuestros niños puedan volver a confiar en nosotros y encontrar un hogar. Necesitamos respuestas que despierten el deseo y la curiosidad en nosotros y en los otros y que sean más fuertes que el miedo a ser herido de nuevo en los puntos más sensibles del amor.

El Eros libre y la pareja no son mutuamente excluyentes. Por el contrario, se complementan. La verdad en el amor es la base de toda relación amorosa duradera. La cuestión de si queremos vivir en monogamia o en poligamia, como heterosexuales u homosexuales se decide en base a nuestra verdad interior.

Querer una pareja no contradice el deseo de tener aventuras eróticas. ¡Sólo se convierte en traición cuando nos tenemos que ocultar de nuestras parejas!

Hay un tipo de fidelidad en la cual la devoción del amante hacia una tercera persona ya no provoca miedo a la pérdida sino que trae alegría y crecimiento de Eros y confianza.

Cuando tengamos esta experiencia, despertaremos un día y diremos: la guerra ya no es nuestra aventura. El amor lo es. Eros se ha convertido en nuestro manantial sagrado de la vida y del amor.

La sexualidad se anclará de nuevo en el orden universal de la vida. Es sagrada para nosotros, tan sagrada como la vida misma.

De la conexión entre Eros y religión surgirá una cultura erótica, en la que la guerra se convertirá en algo impensable. Veremos la posibilidad de poner fin a la guerra entre los géneros y por lo tanto la introducción de formas completamente nuevas de convivencia y nuevas estructuras sociales. El amor es el poder más importante para la germinación de una nueva cultura de paz, que no se base en la resignación, sino más bien en la afirmación de la abundancia de la vida.

Aquí encontramos una forma de escapar del callejón sin salida actual que se hace cada vez más visible: hacia a una cultura de colaboración entre hombres y mujeres. Ninguna madre tendrá que enviar a su hijo a la guerra. Ningún padre tendrá que entregar su vida para defender su país.

No habrá más industria de guerra ni ministerios de defensa. Las bases militares se convertirán en Universidades de Paz, donde se aprenderá y se pondrá en práctica como proteger este planeta.

El amor y la sexualidad serán temas básicos de estudio para cada ser humano adulto que quiera convertirse en un miembro responsable de esta cultura.

Los amantes y los jardineros de una nueva tierra – Terra Nova – están emergiendo, en la que el Eros y el amor duradero reciben otra oportunidad.

EL SIGNIFICADO DE LA ESCUELA GLOBAL DE AMOR

Discurso de Sabine Lichtenfels para la apertura de la Escuela Global de Amor

Sabine Lichtenfels, 2013

Una cálida bienvenida a la comunidad planetaria. He esperado mucho tiempo este día: el comienzo de la Escuela Global de Amor.

Siempre que hablo públicamente sobre amor y sexualidad, mi cuerpo entero vibra. Siento la conexión con la dimensión del tema y su profundidad. Pero también siento la conexión con lo que sucede con tantas mujeres y hombres en el mundo en este momento, que sufren las consecuencias de un amor y una sexualidad mal manejados, reprimidos y equivocados. En Tamera, intentamos descubrir cómo podemos sanar estas heridas. Buscamos sanación, no solo en nuestros propios corazones y nuestras propias relaciones, sino también como ejemplo para el mundo.

Amor y sexualidad son un tema político. Hay una llamada de emergencia en la Tierra. Es la llamada para poner fin a la guerra en el amor. La guerra en el amor es el fundamento del que se alimenta cada violencia, cada lucha entre humanos y cada guerra, ya sea con palabras, con pensamientos o finalmente con armas. La respuesta no puede ser privada, solo se puede dar respuesta a nivel macrosocial.

No hace mucho tiempo, recibimos una carta de unos amigos que vieron como un hombre mataba a su esposa por celos en una calle de su ciudad. El pasado invierno ocurrieron protestas en toda India motivadas por la violación y el asesinato de una joven en un autobús. Diariamente incontables mujeres y muchachas son violadas, pero este caso dio lugar a una ola de indignación mundial. Algunos de nosotros, hemos participado en las subsecuentes acciones globales para terminar con la violencia.

Pero, ¿cómo podemos poner fin de hecho a la violencia, no solo con llamamientos, sino realmente? De esta pregunta nos ocupamos en la Escuela Global de Amor y estoy contenta de que juntos podamos trabajar sobre ello ahora.

Curación a través de información

¿Tenemos una respuesta en la que podamos creer realmente? ¿Qué ideas fundamentales de la Escuela Global de Amor compartimos todos?

Los participantes de la Escuela Global de Amor están de acuerdo en que la Tierra necesita un cambio. Reconocen que, una de las razones para la violencia y para los temas irresolutos de la civilización, yace en un amor y una sexualidad mal manejados, bloqueados y reprimidos. Los participantes de la Escuela Global de Amor reconocen que la Tierra necesita una nueva información en estas áreas. Porque saben que la información puede llevar a la curación.

En la Escuela Global de Amor buscamos respuestas, que vayan más allá de lo personal y que tengan efecto globalmente. Buscamos respuestas que actúen en todas partes, en India, en Sudamérica, en la cultura occidental y en las culturas indígenas. ¿Hay algo que necesite curación en todas partes, que haya ido mal en todas partes del planeta, más allá de un determinado contexto cultural?

Aquí me gustaría ser muy cuidadosa. Yo he estudiado teología. Cuando era una mujer joven escuché cuánto sufrimiento había causado la Iglesia con su trabajo misionario en el mundo y estaba conmocionada. Los misionarios divulgaron sus ideas a menudo sin compasión ni atención, adoctrinando y sin respeto. Y en los lugares donde no fueron bienvenidos, también actuaron por la fuerza. Por ello siempre estoy muy atenta a la pregunta: ¿qué significa pensar globalmente - pero sin ser misional?

Es un distintivo de la Escuela Global de Amor, conectarse primero con plena conciencia y atención y con esta actitud, preguntar qué trae realmente curación. Si nos acercamos a las preguntas sobre amor y sexualidad de esta forma, entonces la cuestión nos toca a nosotros mismos: ¿hasta dónde estamos dispuestos a mirarnos a nosotros mismos? ¿Estamos preparados para incluir nuestras propias preguntas personales en la investigación? ¿Estamos preparados para entender que nuestras preguntas personales no son privadas? Pues las experiencias que percibimos como profundamente personales, son vividas exactamente de la misma manera por otras personas en otros lugares. El dolor, el abandono y las heridas del amor marcan un campo, un fondo, que a menudo yace en el inconsciente, pero que lleva a pensamientos y acciones en toda la humanidad, que marcan nuestra sociedad de guerra actual. Y aún así los consideramos en general como algo privado.

Por ello es importante, en la Escuela Global de Amor, que nuestras preguntas personales se eleven a un nivel global. Pero de igual modo es importante que sepamos y que no ocultemos que no tenemos todas las respuestas. Es importante que estemos dispuestos a hacer las preguntas y a ver su necesidad.

En la Escuela Global de Amor queremos trabajar en una ética objetiva para el amor, en una orientación que nos guíe a nosotros mismos y a otros. Una de las primeras directrices es: a menudo nosotros mismos somos los mejores maestros en las áreas en las que tenemos la mayor necesidad de aprender. Por ello es necesario que estemos realmente en contacto con nosotros mismos y no ignoremos nuestras debilidades. Solo entonces podemos crear transparencia en los lugares donde vivimos y actuamos. Entonces podemos, por ejemplo, decir cosas como: los celos no pertenecen al amor. Esto también lo puedo decir aunque yo misma sea muy celosa. No tengo que ocultarlo, no debería ocultarlo. No tengo que hacer como si ya lo tuviera todo superado. De hecho, puedo decir de todo corazón que soy celosa. Pero veo que cuando estoy celosa, no estoy del lado del amor. Veo que los celos son una enfermedad y quiero curarla.

Nuevas estructuras sociales- Los celos no pertenecen al amor

En la Escuela Global de Amor el tema del amor y la sexualidad no se trata como una terapia personal, sino que tratamos de encontrar una estructura social apropiada en la que la curación pueda ocurrir. Pues las estructuras sociales son, en mayor medida, los motivos por las que tantas historias de amor fallan y no sólo nuestros errores personales e imperfecciones.

¿Qué formas de convivencia apoyan al amor? ¿Cómo podemos vivir, intercambiar y estar juntos, de manera que no sea necesario mentir más? ¿Cómo puede ser una vida en la que engañar al compañero o compañera no suponga ninguna ventaja?

Hoy nos parece muy normal, el no decir la verdad en una relación amorosa. También se considera normal, que los humanos en el mundo entero escondan sus impulsos sexuales y sus deseos, porque se avergüenzan.

¿Qué apariencia tiene una convivencia social, en la que todos nosotros podemos mostrarnos y ser transparentes con alegría, sin miedo de ser juzgados y en la que podamos apoyarnos los unos a los otros en esta tarea?

El tema de las nuevas estructuras sociales nos muestra una vez más muy claramente, que la curación en el amor es un tema político. Si vemos la esperanza que, por ejemplo, nuestros Paisajes de Retención de Agua provocan – o las soluciones que se desarrollan aquí en Tamera en el área tecnológica, entonces nos damos cuenta de que: para que los modelos ecológicos y tecnológicos no fracasen debido a los conflictos interpersonales, debemos encontrar soluciones para el amor con la misma fuerza y la misma intensidad. Para construir Paisajes de Retención de Agua y sistemas energéticos descentralizados, necesitamos también el conocimiento de cómo formar comunidades, que los construyan y convivan con ellos.

Un Paisaje de Retención de Agua forma por sí mismo un biotopo a su alrededor. Las plantas y animales más variados aparecen, surge una gran diversidad biológica. Mediante estos procesos, podemos estudiar la vida en sí misma y reconocer que nosotros mismos somos parte de la naturaleza. Si queremos proteger la naturaleza, no podemos obviar el tema de la naturaleza humana. Protegemos la naturaleza exterior de mejor manera cuando reconocemos, respetamos y humanizamos nuestra naturaleza interior, pero también nuestra naturaleza salvaje, de manera que ésta no actúe de manera destructiva, sino ayudando y cuidando.

A través de la comunicación con la naturaleza – el agua, las plantas y los animales – podemos aprender también sobre nuestro desarrollo en el amor.

Fidelidad y libertad en el amor

En la sociedad actual el amor y la sexualidad están organizados de manera que sólo están permitidos dentro de la pareja. Pero cuando lo haces fuera de la relación, engañas a tu compañero o compañera. ¿Por qué es así realmente?

¿Es que no podemos pensar en una forma de convivencia, en la que siendo completamente fiel a mi compañero o compañera, pueda sin embargo tener aventuras eróticas? ¿No podría ser esto normal en una sociedad sana, de manera que no tuviéramos que tener miedo de perder a nuestro compañero o compañera, o creer que tenemos que dejarlo cuando nos enamoramos o deseamos a otro?

Liz Taylor dijo en una entrevista televisiva: "si él se va con otra, lo mato". Y los espectadores consideraron esto como una prueba de amor verdadero y apasionado. ¡Qué locura! Los ideales inculcados por el sistema educativo y los medios de comunicación nos han condicionado de tal forma, que creemos que los celos expresados de forma apasionada son una prueba de amor.

¿No podría formarse una imagen completamente diferente? Cuando mi compañero comparte conmigo que se siente atraído por otra mujer, ¿no podría esto ser un signo, de lo intensa y buena que es nuestra relación de pareja? ¿No es un signo de la confianza que tiene conmigo, cuando él vuelve a casa y me dice: "Oh, ha sido tan bonito". Y yo digo: "me alegro mucho". A través de esto nuestra relación puede crecer. La confianza se hace más profunda cuando sabemos que nos podemos decir la verdad.

Participar en la Escuela Global de Amor significa trabajar juntos en soluciones. En el fondo de este trabajo en común de investigación global puedo descubrir como quiero yo vivir personalmente: como una monja, en matrimonio, monógama o con muchos amantes. No importa que forma de vida elegimos o qué nos prometemos unos a otros, mientras esto proteja nuestro amor y no oculte la verdad. Como pareja podemos, sin ninguna duda, decidir vivir en monogamia. Esto puede ser de gran apoyo en nuestro camino. Pero debemos recordar siempre que no podemos poseer a otro ser humano. No hay ningún derecho legal en el amor.

El camino de la pareja

¿Es posible que llamemos amor a algo, que en realidad no es amor? ¿Es posible que siempre volvamos a hacer el mismo camino doloroso, porque seguimos una información que es falsa desde el comienzo?

Por lo general funciona así: cuando nos enamoramos de nuevo, proyectamos lo más hermoso en nuestra pareja. Él es el único, él se preocupará de mí, él es mi dios personalizado -y al contrario, mi diosa personalizada, mi María, mi compañera de juegos, que solo está ahí para mí. La adoro, ella (o él) es mi satisfacción para siempre.

Pero en el núcleo hay algo, de lo que no somos conscientes. Es el dolor histórico en el amor, que ya vivimos una vez y no queremos volver a vivir nunca más. Por eso lo hemos ocultado profundamente dentro de nosotros. Hemos construido mecanismos de defensa a su alrededor, nos resistimos, nos volvemos agresivos y nos enfadamos cuando algo o alguien se acerca a este lugar. Cuando esta rabia irracional o el miedo nos manejan, entonces se despierta el cuerpo del dolor.

Quizás teníamos la esperanza, de habernos escapado del cuerpo del dolor a través de nuestro nuevo amor. Quizás vamos a ser felices juntos durante un tiempo. Durante algunas semanas, quizás también meses, somos capaces de aparentar para el otro el papel de la pareja ideal deseada. Pero al final algo cambia. Realmente, ningún hombre o mujer puede ser de forma prolongada lo que proyectamos hacia él o ella. Después de un tiempo aparece otra cara. Una cara que no podemos soportar. Que muestra todo lo que tememos y todo lo que no podemos soportar del otro género. Y también al contrario, para nuestro compañero nosotras tenemos la misma cara. Ahora es importante saber: tampoco esta otra cara es el verdadero ser. Es la cara del cuerpo del dolor. En una relación de pareja, antes o después los dos géneros se encuentran desde un cuerpo del dolor al otro. Aquí empieza todo el sufrimiento, y a menudo termina en una catástrofe.

Nos lleva a situaciones donde olvidamos nuestros mejores conocimientos y donde nos dejamos llevar por el proceso inconsciente. Después nos avergonzamos, nos disculpamos mil veces y aún así nos sentimos impulsados, en la próxima situación a volver a hacer lo mismo. Ésta es la guerra permanente en el amor. No se trata de echar la culpa a nadie, nadie puede ser culpable de procesos inconscientes. Se trata de reconocerlos. Deberíamos estar agradecidos por cada guerra en que hemos percibido nuestras estructuras de lucha, en vez de avergonzarnos. Ahí, donde hemos reconocido algo, podemos empezar a retomar la responsabilidad de guiar nuestros procesos conscientemente.

La verdadera relación de pareja nos lleva al infierno de nuestro cuerpo del dolor. Pero, cuando descubrimos lo que es realmente el amor, entonces podemos atravesar el cuerpo del dolor y encontrar un nivel de fidelidad más profundo. Y así la relación de pareja se convierte en una camino de iluminación.

Y entonces llegamos a la pregunta: ¿cómo encontrar una fidelidad en la que no tengamos que callar cuando amamos o deseamos a otro? ¿Que apariencia tiene una convivencia, en la que el acercamiento de una persona a otra no produzca ese nivel de miedo, rabia o celos en una tercera persona?

¿Cómo puede una comunidad apoyar a las parejas de forma que el amor sea sostenible y duradero?

Cuando realmente vemos ante nosotros una imagen de una comunidad sana, alimentamos una información sanadora, que va mucho más allá de nosotros.

Verdad biológica - la lógica de la atracción sexual
La conexión de amor y sexualidad nos lleva a menudo, en nuestra sociedad, a malentendidos. La sociedad existente dice, que deben ir siempre de la mano: la persona a la que más amo, debe ser también a la que más deseo sexualmente.

Al principio de una relación amorosa es generalmente así. Esto provoca frecuentemente una gran pasión.

Pero cuando después de un tiempo la situación cambia, se considera una catástrofe, al menos mientras que no hayamos reflexionado realmente sobre cuál es la lógica del amor y cuál es la lógica de la atracción sexual.

En antiguas culturas tribales era normal construir una relación, tener hijos juntos, mantenerse completamente fieles durante toda la vida – y al mismo tiempo experimentar sexualmente con otros. La sexualidad en sí misma era sagrada, era un servicio a dios, una celebración – y no estaba atada a relaciones.

Hoy es esencial que encontremos una imagen sana de convivencia en la que no tengamos que seguir ocultando nuestra verdad biológica. Me gusta comparar la curación del agua y la curación del amor y la sexualidad. Wilhelm Reich dijo: no es el río que rebasa las orillas el que es violento, sino los muros que lo han constreñido en un cauce demasiado estrecho. También es así con el amor y la sexualidad. Cuando los encerramos en un receptáculo demasiado estrecho, no se pueden desplegar de forma sana. El intento de reprimir la atracción sexual, no puede dar buen resultado: su fuerza será destructiva y violenta. Pues, como el agua, estas fuerzas elementales quieren fluir libremente. En esta libertad encontramos la orientación ética que apoya nuestra relación de pareja.

Superar el trauma histórico – Trabajo en los "campos de minas" de la relación entre los géneros

Desde la fundación del proyecto en 1978 investigamos en el trabajo de paz en el amor. Hoy, después de 35 años, aún no podemos decir que tenemos la solución y que estamos liberados de cada mal de amores y cada miedo sexual. Pero trabajamos en ello. Por ello, en Tamera se ha creado una firme base de solidaridad entre personas. A veces los invitados y visitantes se sorprenden de que se tarde tanto tiempo. Pero deberían saber: quien investiga en el área del amor y la sexualidad, trabaja en un tema histórico. Venimos de una larga historia patriarcal de violencia, hablamos de miles de años de dolor.

No hace tanto tiempo que se acabó la Inquisición. Construir confianza real entre mujeres y hombres es trabajar para la curación del cuerpo del dolor colectivo.

En la Escuela Global de Amor podemos aventurarnos a investigar en estos niveles de profundidad. Trabajamos en la visión de una nueva sociedad de colaboración (partnership), donde la parte masculina y la femenina están en equilibrio y donde se crea confianza real entre los géneros.

Me percibo a mí misma como alguien muy feliz. Vivo desde 1978 en comunidad, donde crecieron mis hijas. Tengo desde hace más de 30 años una relación de pareja, en la que hemos tratado el tema de los celos y ahora han perdido su poder. Mi compañero puede irse con cualquier mujer, con la que quiera irse. Yo puedo encontrarme con otros hombres. Puedo decir que tengo una vida satisfactoria.

Por un lado me siento muy orgullosa.

Por otro lado estamos aún todavía en el camino del descubrimiento. Como todas las parejas que comparten un largo y profundo camino hacia la verdad, tocamos un nivel en el que todavía hay cosas no habladas. Aún hay áreas en las que el inconsciente reacciona, en las que la ira y el miedo dominan. ¿De dónde viene esto?

A este nivel lo llamamos el campo de minas: un área en la que un comentario descuidado puede provocar una emoción impetuosa e inesperada en el otro. En la convivencia, uno conoce los campos de minas de los otros y los evita. Ciertos temas se convierten en tabú, para ahorrarse las explosiones emocionales.

El campo de minas es el nudo traumático entre los géneros, resultante de heridas históricas que la mujer y el hombre se han infligido mutuamente. Allí donde no se encontraron el uno al otro, donde no pudieron llegar al otro con su amor y su deseo, se produjo violencia y destrucción, se infligió dolor, se ocasionó retiro, odio, rabia, miedo y amarga lucha.

Fue tan malo, que no quisimos volver a tocar de nuevo ese lugar. Lo protegimos y construimos la civilización del disimulo sobre ello. Aún así, las parejas que han hecho un largo camino juntos tocan este nudo de nuevo. Las confrontaciones son inevitables. La mayoría de las parejas intentan solucionar sus conflictos en privado. Valientemente intentan solucionar algo, sin reconocer, que son las condiciones sociales de nuestra cultura, las que hacen tan difícil encontrar una solución. En este punto, quedan dos opciones: la separación o convivir de manera superficial, así ya no entran en contacto con los puntos calientes. Pero tampoco tocan más sus almas ni sus verdades profundas. Y el amor se pierde. Secretamente miran a su alrededor buscando otras posibilidades.

Queremos resolver este nudo - en el mundo, en nosotros mismos y en nuestras relaciones amorosas personales. Y cuesta trabajo.

La guerra es creada sobre todo a través de nuestro inconsciente, a través de nuestras partes reprimidas. El trabajo de curación es una labor de desarrollar consciencia. Donde hay consciencia, no puede haber guerra. La Escuela Global de Amor está retada a desarrollar métodos con los que podamos ser testigos de nuestros sentimientos ocultos, de manera que encontremos un lenguaje para ellos y los hagamos cada vez más visibles y comprensibles, en nuestro interior y también entre nosotros.

Miremos los temas que aún no están solucionados en la Escuela Global de Amor. El mundo necesita lugares, en los que la investigación en el amor y en la sexualidad pueda alcanzar esa profundidad. Tamera quiere elaborar respuestas en las áreas ecológicas y tecnológicas – y por supuesto para el amor. Para una evolución y una revolución del Eros, por la transformación y la curación del amor.

Estoy muy agradecida a la joven generación, que estudia en Tamera y que se ha decidido de forma muy comprometida a construir la Escuela Terra Nova. Construir una plataforma educativa donde personas de todas partes del mundo estudien los mismos temas, donde poder profundizar en sus preguntas y, mediante el diálogo, poder ver más claramente las respuestas y las soluciones. Es para mí un paso necesario. Gracias por la Escuela Terra Nova. La Escuela Global de Amor es una parte de esa educación.

La polaridad de los géneros

Hombre y mujer son las dos mitades de la humanidad. Son fuerzas polares. ¿Cómo podemos manejar esta polaridad, de manera que forme una tensión positiva? ¿Qué trae equilibrio a los géneros? Este es un tema de investigación clave de la Escuela Global de Amor. Por eso nos preguntamos de nuevo: ¿Qué significa ser una mujer y qué significa ser un hombre? ¿Qué capacidades, posibilidades y tareas están conectadas con ello?

La emancipación de la mujer fue un primer paso histórico de liberación. Pero también fue muy doloroso, especialmente para las mismas mujeres. Pues los valores del movimiento feminista se desarrollaron en el entorno de una cultura dominada por el patriarcado. La reivindicación de igualdad llevó a la comparación con el hombre. Muchas mujeres se destruyeron con esas medidas. El significado de una identidad femenina real, es un tema de investigación que no se puede responder de forma rápida.

La emancipación de la mujer, que necesitamos hoy, no está dirigida contra los hombres y tampoco contra nuestro amor por los hombres. Pero es un abandono decidido de las estructuras masculinas que han llevado a tanta destrucción en el planeta.

El futuro, al que aspiramos, no es ni patriarcal ni matriarcal. Es una cultura de colaboración y de confianza entre polos igualmente fuertes, hombre y mujer.

Esto llega hasta las áreas de la religión y la espiritualidad. La divinidad es ambos: femenino y masculino. En todas las culturas originales existía la gran Diosa, además estaban los dioses y diosas que aspiraban al equilibrio. La esencia común a todos los hombres era adorada, así como la esencia que es la misma en todas las mujeres. Pero el equilibrio se rompió. Enfatizando, se podría decir: la Diosa fue separada de Dios. Debía de estar muy solitario en el cielo, no es de extrañar que se volviera tan intolerante y punitivo. El Panteón del futuro necesita que restituyamos el lugar correspondiente a lo femenino, para que pueda haber paz en la Tierra.

Vivimos en un tiempo de transformación. Somos testigos del nacimiento de una nueva era. Espero que encontremos juntos una orientación y una visión, que conecte nuestro trabajo en las áreas en crisis que necesitan tanta ayuda, con la construcción de comunidades allá donde vivamos, y con el trabajo de paz interior en el amor.

Deseo que juntos tengamos un tiempo de alegría, fuerza y profundidad.

LA CURA DEL AMOR

Por qué tuvimos que otorgar al amor entre los géneros un papel central en nuestro proyecto

Dieter Duhm, 2013

Soy el fundador de un proyecto comunitario que hoy se conoce con el nombre de Tamera. Tamera es un Centro de Investigación de Paz establecido al sur de Portugal, que ha ganado fama en todo el mundo gracias a sus conceptos en el campo de la innovación ecológica, social y a su escuela internacional, el "Campus Global", que difunde nuestras ideas sobre un mundo nuevo en la Tierra. La sexualidad, el amor y la pareja han sido desde el principio tres piedras angulares de nuestra investigación. Una cultura humana sólo puede nacer de una relación humana entre los géneros. Con este fin hemos fundado la "Escuela Global del Amor", bajo la dirección de Sabine Lichtenfels. A continuación quiero explicar por qué hemos tenido que otorgar a la sexualidad y al amor un papel preponderante en nuestro proyecto.

En las noticias volvemos a oír una de esas historias espeluznantes que puntúan la vida cotidiana en Alemania: un padre de familia amable y cariñoso, que hasta la fecha había vivido una vida discreta, ha aprovechado la ausencia de su mujer para matar a sus tres hijos y quitarse la vida.

¿Se trata de un caso aislado? ¿Cómo explicar entonces el resto de tragedias similares? ¿Cómo explicar los dramas sentimentales, los matrimonios fracasados, la desesperación de las parejas, el sufrimiento de los niños, la rabia creciente y su estallido final en venganza, violencia y guerra? El amor frustrado, la angustia de la separación, los celos y la desesperación no son problemas meramente privados: conciernen a la humanidad entera. El drama de la humanidad es en gran medida el drama del amor insatisfecho. ¿Cuántos asesinatos son producto del amor no correspondido? ¿Cuántas mujeres mueren en las manos de hombres que no se sienten aceptados por ellas? ¿Cuánto han de sufrir los niños, cuánta soledad, cuánto desconsuelo se produce a diario en una sociedad que aún no ha resuelto el problema del amor y el sexo? Si nos atrevemos a mirar de frente el dolor del mundo, lo cierto es que no hay muchos motivos de consuelo. Y, sin embargo, existe una cura mundial para el problema.

En el epicentro anímico del universo humano se encuentra la relación entre ambos géneros, entre el hombre y la mujer, que constituyen las dos mitades del ser humano y se encuentran en una situación de interdependencia tanto en el alma como en el cuerpo. El hombre y la mujer engendran juntos a los niños y el acto de engendramiento va ligado a un apasionado deseo físico y psíquico. ¡Qué regalo del universo, que la procreación vaya unida al deseo y el gozo! Para que la vida humana pueda florecer, las dos mitades deben encontrarse de forma satisfactoria. Si el encuentro no es satisfactorio, se da pie a nuevos desastres humanos, a calamidades como el cáncer, la pornografía infantil, el sadismo, el odio, la violencia y la guerra. La fauna también padece de este dolor, pues las masacres diarias de animales que hoy día se perpetran en mataderos y laboratorios sólo se pueden llevar a cabo cuando los seres humanos han cerrado su corazón.

La inconcebible violencia que hoy se ejerce en todas partes contra personas y animales se debe a la cerrazón de los corazones. Esta violencia se debe asimismo a bancos, logias y corporaciones, pero sus planes no podrían llevarse a cabo si la sociedad no hubiese cegado su corazón colectivamente. Mientras las dos mitades del ser humano no se encuentren de forma satisfactoria subyacerá en el alma una infelicidad que la riqueza y el confort de la vida moderna no pueden apaciguar. Es esta infelicidad de amor insatisfecho la que se salda una y otra vez en el "mal", pese a los llamamientos morales o religiosos. Entre los bastidores de la sociedad burguesa acontecen hoy cosas inimaginables. Las violaciones conyugales, las tragedias familiares, los celos asesinos y los abusos de niños están a la orden del día. ¡Qué pasa en el alma de un adulto si necesita satisfacer sus pulsiones sexuales a través del sexo con niños! De nada sirve en este caso la mera indignación moral: el problema sólo se resolverá implantando una nueva cultura sexual que devuelva a las personas la alegría que han perdido en un mundo hostil al amor.

En el seno de la relación entre ambos géneros se halla el misterio del amor y la sexualidad. El anhelo más profundo de la humanidad es el anhelo de este amor, de amor del alma y también de amor sensual, físico. ¡Con qué dicha se abrazan por primera vez el hombre y la mujer...! Pero ¿qué queda de esa alegría al cabo de diez años? La satisfacción sexual es, como la satisfacción religiosa, uno de los fundamentos de la felicidad humana. Los géneros llevan siglos buscándose sin encontrarse. Y seguirán buscando hasta que encontremos una solución. El mundo nada en mal de amores. La cura para este mal de amores es una de las principales tareas globales de nuestro tiempo. Ante nosotros se abre una nueva etapa de la evolución. Cuando termine la guerra latente entre los géneros no habrá más guerras en el mundo.

El mal de amores del mundo es consecuencia de una guerra milenaria, de una sucesión de crueldades inimaginables cometidas en nombre de la autoridad patriarcal sobre la sociedad en general y muy especialmente sobre las mujeres. Todos llevamos este trauma colectivo como herencia genética en nuestras células; todos seguimos las informaciones inconscientes del miedo y la violencia. Para instituir su poder a través de la Iglesia y el Estado, el mundo patriarcal tuvo que reprimir la sexualidad y someter a la mujer a los mandamientos del dominio masculino. La obediencia de la mujer pasó a ser una condición de la potencia masculina, y el sexo y el poder se unieron inextricablemente. Las mujeres que no obedecían eran castigadas o suprimidas, como Hipatia de Alejandría. El poder masculino sobre la mujer adoptó en muchos países formas inconcebibles. En el año 1487, en plena Edad Media se publica el Martillo de las Brujas, un manual para la ejecuión de todas las mujeres que no fueran necesarias para la reproducción. El libro fue escrito por dos monjes y no tardó en convertirse en el segundo libro más leído en Alemania, después de la Biblia. Es un dato que hay que recalcar, porque resulta difícil de creer. Tras su difusión, las mujeres que llamaban la atención por su atractivo, su carácter particular o su valentía eran tachadas de brujas y quemadas vivas. ¡Quemadas vivas!

Si nos detenemos a pensar en los padecimientos que la parte femenina ha tenido que soportar en todo el mundo, es casi un milagro que todavía queden mujeres capaces de amar. Es un tema muy profundo y querría agradecerle al género femenino en este punto. En la mitad femenina de la humanidad debe de habitar un corazón extraordinariamente estable y fiel: fiel a una mitad masculina que durante milenios la ha oprimido y maltratado. ¡Qué disparate! La humanidad ha obstruido así la fuente innata de su felicidad, destruyéndose a sí misma. Generación tras generación, a lo largo de los siglos, el hombre ha legado a sus descendientes un montón de falsa propaganda para demonizar la carne, castigar a los niños y quemar vivas a las brujas. Aquello que originariamente nos fue legado para el amor y la alegría ha sido proscrito y perseguido, y la humanidad ha comenzado de este modo a odiar lo que antaño había amado. Hoy día aún adolece nuestra cultura de esta perversión de valores. El pecado original del ser humano no es el deseo de la carne sino su represión. Desde el día en que el deseo de la carne se asimiló a la perversión y comenzó a erradicarse del modo más brutal, la verdad ya no ha tenido cabida en la sociedad.

La naturaleza sexual de la mujer le fue dada por Dios como dote para fundar una vida jubilosa en este mundo. El deseo de la carne es el más profundo de los deseos que nos han sido concedidos para comprender la vida. Sin embargo, ¿qué mujer se declara libremente hoy a favor de su naturaleza, su anhelo y sus apetitos sexuales? ¿Y qué hombre se atreve a hablar de la "naturaleza sexual" de la mujer sin ser tachado de "sexista"? Cada mujer posee un punto de naturaleza salvaje que el matrimonio reprime y amansa. Y cada hombre ve en la mujer también a una Lilith, cuyo poder sexual teme. La naturaleza salvaje no cabe en el hogar conyugal ni en las tradicionales representaciones de la moral y el decoro. La esposa rolliza, que vive en la obediencia junto a su marido, vive por tanto en secreto y perpetuo fingimiento. El hombre lo nota, la vigila, se lo reprocha a diario. Los niños, que bajo estas condiciones reciben muy poco amor, comienzan a su vez a mentir, a robar y a maltratar al prójimo, añadiendo un nuevo eslabón a la trágica cadena. Necesitamos otra ética y otra cultura sexual para estar a la altura de la afluencia constante de imágenes de carga sexual. Y a la larga es preciso establecer una nueva relación con la verdad, con la vida, con el conjunto de los seres vivos: necesitamos pues una nueva civilización, que hay que construir en todo el mundo a partir del concepto de biotopos de curación globales.

El centro de nuestro trabajo de sanación se encuentra en una nueva relación entre los géneros, basada en la confianza y la solidaridad. Para que los géneros puedan revelarse el uno al otro necesitan una base de confianza primordial que apenas tenía cabida en el contexto patriarcal. Necesitamos nuevos modales, nuevas estructuras sociales y nuevas imagenes de amor con las que superar los pasados desengaños. Cuando estemos en situación de poner fin a la guerra en el amor podremos librar al mundo de la guerra. Podremos librar al mundo de la violencia cuando estemos en situación de terminar con la violencia sexual, ¡sin reprimir por ello nuestra propia naturaleza salvaje! La pasión puede conservarse. Cuando se vincula a la confianza, no conduce a la violencia sino a una ternura vital. Así fue maravillosamente establecido en el plan de la creación.

En el núcleo de la vida hay algo que todos amamos infinitamente. Cuando la humanidad logre darle permanencia a ese algo habremos encontrado una senda histórica hacia la felicidad. La sabiduría oriental formuló este pensamiento en un hermoso aforismo: "Tao es el camino que uno no puede abandonar. El camino que uno puede abandonar no es Tao." ¿Por que no sustituir la palabra "Tao" por este, más profundo "amor reconocedor"? El amor reconocedor tambien tiene un significado en su faceta corporal, pues se realiza en el cuerpo y en la carne, del mismo modo que "el Verbo se hizo carne y habitó entre nosotros". Uno no puede evitar maravillarse ante la cantidad de verdades que puede encontrar en la Biblia cuando trata de ir más allá de sus tergiversaciones. Y el punto culminante lo encontramos en la historia del pecado original, cuando Adán prueba el fruto del Árbol del Conocimiento y descubre el gozo sexual: "Y conoció Adán a su mujer Eva", dice el Génesis. Pero en hebreo "conocer" también significa "contacto sexual" ¡Y lo sabían!

La cura del amor es complicada de conseguir en el seno de la pareja, pues ambos miembros están demasiado implicados en el problema. La cura va ligada a un renacer interior. Para transformarnos en personas capaces de amar tenemos que aprender a dejar de abstraernos en nuestro interior y participar en el mundo. La participación es parte del misterio del amor, que nos sitúa inevitablemente en el terreno de la ética. Participar es confiar, eliminar las barreras del miedo, superar los prejuicios, abrir el candado que le hemos echado a nuestro corazón. Para transformarnos en personas capaces de amar debemos desarrollar un nuevo sistema de vida en el que pueda surgir y cuajar la confianza verdadera entre las personas. Los nuevos centros –que llamamos Biotopos de Curación– pueden entenderse como invernaderos para el crecimiento de la confianza. La confianza es el punto crucial. Para liberar nuestras comunas de las mentiras del sexo hemos creado el concepto de "sexualidad libre". Pero el amor libre y la sexualidad libre sólo tienen un sentido verdaderamente humano entre personas que confían las unas en las otras. Es la confianza la que abre los corazones y los cuerpos, la que elimina las corazas corporales y sana el alma. En Tamera dedicamos mucho tiempo a la ecología y la tecnología, a la sanación del agua, la permacultura y la energía renovable, pero la labor fundamental es la creación de confianza entre estudiantes, colaboradores y niños.

Para ello es necesaria una comunidad funcional. Los temas ligados al sexo, el amor y la vida en pareja son demasiado grandes para dejarlos en manos de dos individuos. Son temas de importancia histórica que abarcan toda la humanidad. Necesitamos, pues, comunidades que conozcan el tema, comunidades que hayan acordado una solidaridad fundamental y absoluta con todos aquellos que se revelen a sí mismos compartiendo sus dilemas. Para ello hemos implantado el método de los "Forum SD". "SD" quiere decir auto expresión (Selbstdarstellung), y es un proceso por el que el protagonista se muestra al grupo sin reservas, con sus miedos y sus conflictos, sin temor a ser juzgado. Se trata aquí del aprendizaje de la solidaridad. Cuando las personas se reconocen unas a otras en sus mismas dolencias, pueden prescindir del disimulo y convivir en más confianza. "Ser visto es ser amado", es una frase verdadera. Pero hay que ser valiente para dejarse ver por el prójimo. Hemos tenido que desarrollar muchos métodos insólitos para encontrar la senda de la verdad en el terreno del amor. Aún nos queda mucho camino por andar, sí, pero tal vez hayamos llegado ya a la mitad del puente colgante. La labor es larga, ardua en ocasiones. A los que vengan a Tamera en busca de sexo fácil, quizás deberían escoger otro destino.

Para la convivencia entre los géneros se han elaborado algunas pautas básicas que pueden incluirse en el decálogo ético para la fundación de una nueva cultura:

1. El amor es el mayor bien cultural de la humanidad.
2. La confianza entre los géneros es la base sobre la que construir un futuro sin guerra. No engañes nunca a tu pareja.
3. Sólo puedes ser fiel cuando está permitido amar a otros. El amor libre y el amor a una pareja no son mutuamente excluyentes, sino que se complementan.
4. Los celos no son parte del amor.
5. Las parejas no viven de las exigencias mutuas sino del apoyo recíproco.
6. El sadismo y el masoquismo son resultado de un mal manejo histórico de la sexualidad humana. La violencia no forma parte de la sexualidad ni del amor.
7. No sexo con niños.
8. Las prácticas sexuales no deben realizarse nunca contra la voluntad de nadie.
9. En el amor no hay derecho a la posesión. Los problemas de pareja no pueden resolverse legalmente sino a traves de la ayuda de una comunidad solidaria.
10. Cuando tengas que decidir entre el amor y otra cosa, elige el amor.

En las relaciones de las mujeres con los hombres se han desarrollado modelos de conducta que quizá podrían encuadrarse en un "feminismo suave". Las mujeres comienzan a descubrir la fuente de su feminidad y a construir su propia fuerza soberana que ya no depende de la relación con un único hombre. En este sentido, se ha producido una nueva e histórica consolidación de la mujer en el Holón (el todo) de la vida y la sociedad. Sabine Lichtenfels describe así esta nueva relación en su libro "Weiche Macht" [El poder benévolo] (p. 249):

"El dominio masculino ha caracterizado los pasados 3000 años de historia, implantando a lo largo de este tiempo el principio de la fuerza bruta. El poder de las sociedades masculinas se cimenta en quebrar cualquier resistencia, como se pone de manifiesto en las pasadas conquistas, guerras religiosas, métodos educativos y procesos técnicos de manipulación de la naturaleza. Por culpa de estos mismos procesos se encuentra el hombre actual en un callejón interno sin salida, del que no podrá salir sin la ayuda de la mujer. Nosotras no queremos volver a construir ninguna de las viejas estructuras matriarcales ni queremos instaurar de nuevo un sistema de dominio o tutela de los hombres. El poder femenino no se dirige contra los hombres ni se opone a nuestro amor por ellos, pero abandona decididamente las estructuras masculinas que han contribuido al exterminio de la vida y el amor a lo largo y ancho de la Tierra. [...] A menos que las mujeres nos comprometamos con una postura pública, nadie encontrará la salida del callejón. Nos corresponde pues, a nosotras las mujeres, asumir nuevamente la responsabilidad política y sexual que tanto tiempo se nos ha escamoteado. E invitamos a todos los hombres comprometidos a unirse a nuestra labor de paz."

La cura del amor entre los géneros no se reduce a las relaciones entre los géneros: abarca también un cambio en nuestra relación con la naturaleza, la cooperación con todas las criaturas del mundo, la sanación del agua y el amor a los animales. Necesitamos reintegrar el mundo humano en el mundo universal de la vida para librarnos del dolor primigenio de la separación.

A la postre, de lo que se trata es de volver a conectar con "Omega", el centro divino de todas las cosas. En el encuentro entre centro y centro se efectúa el amor, como escribió Teilhard de Chardin. El objetivo de nuestra labor es una nueva tierra, Terra Nova. Mientras haya en el planeta un niño hambriento, una chica mutilada, una mujer violada, un animal torturado o un joven arrastrado a la guerra, este mundo no estará en orden. Nuestro trabajo continua.

Por la solidaridad y el amor entre los géneros.
Por todos los niños de la Tierra.
Por un futuro sin guerras.

III BASE MATERIAL

EL SECRETO DEL AGUA COMO BASE PARA UNA NUEVA TIERRA

Sanación del ciclo del agua través de la creación de "Paisajes de Retención de Agua"

Charla de Bernd Walter Müller, editada en 2013

"Agua, energía y alimento están a libre disposición para toda la humanidad, cuando no sigamos más las leyes del capital, sino la lógica de la naturaleza".
Dieter Duhm

Elijo esta frase al inicio de mi charla porque quiero pediros que veais esta visión de un mundo sano tan frecuente y vívidamente como podáis. No debemos acostumbrarnos a un estado donde algo que en realidad es evidente por sí mismo, nos parece una utopía no realista. Una Tierra en la que todas las personas tienen libre acceso a suficiente agua, energía y comida de forma gratuita, es una visión completamente viable. Hace mas de 80 años ideas similares fueron descritas por el austriaco Viktor Schauberger, un brillante investigador del agua, un pionero y líder pensador del más alto nivel. Él podía prever ya entonces los problemas globales a los que nos enfrentamos hoy y mostró cómo podían resolverse. Un punto clave en la solución es el trato adecuado del agua. Por esto me gustaría tratar el tema del agua en esta charla. El agua es vida. Y donde hay vida, también hay alimento y energía.

Los años 2010 a 2020 fueron declarados por las Naciones Unidos como "Decenio de los Desiertos y la lucha contra la Desertificación." La desertificación progresiva es hoy uno de los más grandes problemas globales. Más del 40% de la masa global de la tierra se considera hoy como zona árida. También en Europa, por ejemplo aquí en la Península Ibérica, el proceso de desertificación es dramático. Un tercio de la superficie de España ya se ha convertido en zona árida. Pero la mayoría de las zonas áridas de nuestra Tierra están ubicadas en países aún más pobres. Billones de personas hoy ya no tienen acceso a agua buena y fresca. Aunque todavía intentemos mantenernos al margen, sabemos que esto se debe entre otras cosas a nuestro estilo de vida aquí en los países industrializados. Día a día, hora a hora y minuto a minuto lleva a una situación en otras regiones de la Tierra, donde los niños se enferman y mueren a causa del agua contaminada, donde los humanos luchan por lo que queda de agua y los animales mueren de sed.

El agua, de hecho una fuente de vida, es hoy causa de guerra, luchas de poder, enfermedad, y un sufrimiento infinito. Por esto, el presidente boliviano Evo Morales pidió en 2008 en sus "Diez mandamientos para salvar al planeta, la humanidad y la vida", que enfrentemos este tema de la "crisis global del agua" y declaremos el acceso al agua como un derecho humano. Me uno a esta solicitud. Doy esta charla para que todas las personas y todos los animales vuelvan a tener libre acceso a agua potable de buena calidad. Para esto se ha desarrollado la idea de los Paisajes de Retención de Agua y de la Escuela Terra Nova.

La desertificación resultante de la incorrecta gestión del agua.
Nosotros los humanos tenemos el conocimiento de cómo transformar los desiertos y semi-desiertos de nuevo en paisajes vitales, que serán atravesados por arroyos cuyo origen es el agua fresca de manantial. La

desertificación es, en la mayoría de los casos, no un fenómeno natural sino el resultado de una incorrecta gestión del agua a escala global. Los desiertos no se forman por falta de precipitaciones, sino porque los humanos tratan al agua de una manera incorrecta.

Un ejemplo: nuestro paisaje, el Alentejo, es considerado como zona árida. Pero en la última semana había fuertes lluvias aquí. La cantidad de agua, que cayó en pocos días, habría sido suficiente para proveer a la población de esta región con agua para beber y para uso doméstico a lo largo del año. Sin embargo, se crearon escorrentías de agua que no se utilizaron y que además causaron daños: erosionó tierra fértil, socavó los cimientos de puentes, se inundaron calles, pueblos y aldeas. Los humanos están ahora ocupados reparando los daños causados. Esto es laborioso y costoso, y con la próxima lluvia vuelve a suceder lo mismo. Así no tienen tiempo de pensar, en lo que pueden hacer para invertir en nuevos sistemas, con los que podrían tener agua limpia todo el año y al mismo tiempo prevenir inundaciones.

En Portugal tenemos mucha lluvia en invierno y el verano es seco. Sólo hace unas pocas décadas el sur de Portugal era una región en la que también en verano, los arroyos fluían con agua todo el año. Hoy los arroyos se llenan sólo durante la época de lluvia y después se secan de nuevo. El sistema está completamente fuera de equilibrio.

Esta situación se encuentra en todo el mundo, en la correspondiente forma en todas las zonas climáticas. En casi todas partes atestiguamos, hoy, inundaciones y deslizamientos de tierra con consecuencias catastróficas para humanos, infraestructuras, animales y la naturaleza. Entonces la gente habla de desastres naturales, aunque en realidad son desastres causados por el hombre.

El ciclo medio del agua.

¿Cómo podemos cambiar esta situación de manera local y global? ¿Qué significa el cambio de sistema en el caso de la gestión del agua y cómo puede ser iniciado? Para encontrar respuesta a esto debemos volver a observar la situación actual, como la encontramos hoy por todas partes. Corresponde al ciclo del agua "medio", descrito por Viktor Schauberger:

El agua se evapora, se forman nubes y precipita. La lluvia cae sobre la tierra, la cual ya no puede absorber el agua. Antes la tierra estaba protegida por una densa y diversa capa de vegetación. Así podía formarse una valiosa capa de humus, que absorbe el agua como una esponja. Hoy sin embargo esta vegetación diversa ha sido destruida en gran parte; los bosques han sido deforestados, las praderas han sido usadas erróneamente a través de sobrepastoreo o subpastoreo, grandes áreas han sido selladas a través de construcción masiva o monocultura. La tierra ahora desprotegida se calienta, pero si la tierra tiene una temperatura mayor que el agua de lluvia, no puede absorberla, se cierra y se endurece y el agua escurre. Se acumula rápidamente en grandes escorrentías. Donde todavía hay capas de humus o tierra fértil y suelta, se la lleva consigo. Así llegamos al problema fatal de la erosión.

Las rápidas corrientes de agua llenan los ríos y los arroyos rápidamente. Con las lluvias fuertes se llenan y acarrean mucho material del suelo junto con ellas. Pero no pueden depositarlo en la siguiente curva del río, porque el agua ya no puede serpentear más, pues los ríos han sido canalizados en líneas rectas y sus orillas reforzadas adicionalmente. El preciado suelo fértil, que se necesitaría urgentemente sobre la tierra, causa ahora que los ríos se embanquen río abajo. Se hagan poco profundos y sus orillas se desborden. Esto causa grandes daños sobretodo en las ciudades que se encuentran ubicadas en las desembocaduras de los ríos.

En el ciclo de agua medio, tenemos ríos que ya no fluyen con agua limpia de manantial, sino con agua de lluvia turbia y contaminada. En ningún lugar tiene el agua tiempo de reagruparse, descansar, madurar y enriquecerse con minerales e información. Difícilmente un joven de esta Tierra conoce arroyos que fluyan con agua limpia de manantial.

La caída del nivel freático

Si el agua no puede infiltrarse en el cuerpo de la tierra, hay escasez. Debido a la sequedad resultante, la biota del suelo sufre, los micro-organismos se retraen, la fertilidad de la tierra disminuye significativamente, y cada vez menos plantas y especies animales pueden sobrevivir. La sequedad de la tierra y la pérdida de biodiversidad son los indicadores más importantes de la desertificación. El nivel freático cae en todo el mundo y de manera dramática. De manera global la reserva de agua potable está disminuyendo.

Aquí estamos ante un hecho, que nos lleva directamente a escenarios apocalípticos, si no logramos detener este proceso. A través de la caída del nivel freático, no se puede mantener el equilibrio entre el agua dulce del acuífero y el agua salada del mar; el agua marina se infiltra en el interior de la tierra sin impedimentos, y los suelos y el agua dulce de los acuíferos de capas más profundas se salinizan. El ecosistema se colapsa, una situación casi irreversible. En muchas áreas costeras de todo el mundo este proceso ya está sucediendo. También aquí en la Península Ibérica empieza a salinizarse el agua de los acuíferos cercanos a la costa. ¿Pero qué tiempos esperan a la humanidad, si no hay más agua potable de origen natural? No podemos apartar la vista y permitir que suceda algo que puede prevenirse. El conocimiento está disponible para esto; ahora se trata de aplicarlo. Lo sabemos: así no es como está destinado a ser el planeta Tierra. Esta no es la manera en la que la convivencia de humanos, animales y la Tierra está destinada a ser. Así no es como la vida está destinada a ser.

El ciclo completo del agua.

Veamos nuevamente la imagen sana. Es la imagen del ciclo completo del agua: la lluvia que cae sobre la tierra, es absorbida por la capa de humus como si fuera una esponja. No hace mucho tiempo, en la zona de Tamera había una capa de tierra fértil de hasta medio metro de profundidad. Era más o menos así en todo Portugal y en principio en toda Europa. Esta capa de suelo con humus, que estaba sombreada y enraizada por plantas, absorbía el agua de la lluvia y así el agua tenía tiempo de filtrarse en las capas más profundas de la tierra y reabastecer los acuíferos del cuerpo de la tierra.

De esta manera el cuerpo de la tierra saciado actuaba como un órgano de almacenamiento. Ahí, bajo la tierra, el agua descansa en distintas profundidades, algunas veces durante largos periodos de tiempo. Todavía sabemos poco sobre lo que realmente sucede con el agua ahí abajo en la oscuridad. Percibo esto como la parte femenina o alma del ciclo del agua. Lo que podemos decir, es que el agua madura ahí, al mineralizarse y absorber información. Esta habilidad de absorber y almacenar información, es una de las cualidades más esenciales y misteriosas del agua.

En la saciada tierra, el agua se enfría en su camino a capas de la tierra más profundas. Donde el ciclo completo del agua está intacto, el agua vuelve a salir a la superficie como agua de manantial madura con una temperatura de 4 grados centígrados. Esta agua de manantial tiene una inmensa fuerza sanadora para la tierra y todas sus criaturas.

Ríos y arroyos, que llevan agua de manantial y que pueden ondear de acuerdo a su ser, tienen fuerza sanadora para la tierra. El agua se va revitalizando conforme avanza su curso. En las riberas de tales ríos y arroyos se desarrollan biotopos diversos, donde la vida se despliega. El agua, en su ciclo completo, fluye continuamente y de manera estable. La tierra actúa como amortiguador. También puede absorber una gran cantidad de agua de una sola vez, pero la va liberando lentamente. De esta manera se previenen las inundaciones. Y al mismo tiempo los ríos llevan agua clara y limpia todo el año.

Se logra el equilibrio entre los meses de lluvia y la estación seca del año. Esto se aplica en principio a todas las zonas climáticas. Un ciclo de agua completo en el que el cuerpo de la tierra lleva a cabo nuevamente su función por completo, crea estabilidad y equilibrio en todas partes.

Sanación de la naturaleza a través de Paisajes de Retención de Agua.

Hoy, este cuerpo de la tierra, el humus de la capa fértil, ha desaparecido de una gran parte de la superficie de la Tierra. El proceso de erosión, especialmente en estas últimas décadas, ha progresado tan rápida y extensivamente, que podemos hablar de un desastre global. Es por esto que no debemos entretenernos en desarrollar ecosistemas, que sólo crean una delgada capa de humus después de 30, 40 o incluso más años. Necesitamos antes este efecto de esponja equilibrante. Para poder completar el ciclo del agua de nuevo, deberíamos encontrar una manera en que el agua pueda absorberse por la tierra, a pesar de la falta de la capa fertil. Así es como se desarrolló la idea de los Paisajes de Retención de Agua.

Los Paisajes de Retención de Agua son sistemas para la restauración del ciclo del agua completo al retener el agua allí donde cae la lluvia. Existen abundantes métodos para *retener* el egua de lluvia en la tierra, estos se pueden usar combinando unos con otros, por ejemplo la aplicación de espacios de retención, desde "checkdams", zanjas (swales), terrazas, arados profundos a lo lago de "keylines" o a través de formas de uso especiales como reforestación, agricultura ecológica o a través de una gestión especial de los pastos (Holistic Management).

El objetivo del trabajo es que ningún agua de lluvia o agua residual salga del terreno. Entonces habremos transformado un paisaje en un Paisaje de Retención de Agua. Todo el agua saliente debería ser de nuevo agua de manantial.

En Tamera hemos creado una serie de espacios de retención comunicados unos con otros (del tamaño de un estanque hasta del tamaño de un lago), en los que el agua de lluvia es acumulada dentro de una presa construida con materiales naturales. Los espacios de retención mismos no se sellan con cemento o con una película artificial, de manera que el agua pueda difundirse lenta y constantemente en el cuerpo de tierra.

El término "Paisaje de Retención de Agua" está siempre conectado con el concepto de sanación de la naturaleza. La construcción de Paisajes de Retención de Agua es una respuesta activa y efectiva a la destrucción de la naturaleza, que ha sido producida en Tamera en colaboración intensiva con el especialista de permacultura austriaco Sepp Holzer de Austria y diferentes visionarios y ecólogos de todo el mundo.

No hay regiones habitadas por humanos, que no sean apropiadas para la construcción de Paisajes de Retención de Agua. En todas partes, donde hoy haya ecosistemas destruidos o degradados, pueden y deben ser creados Paisajes de Retención de Agua, en cada tipo de tierra, en cada zona climática, en cada ladera y especialmente en áreas con pocas precipitaciones. Ahí son de particular importancia. Cuanta menos precipitación haya en un área y cuanto mayor sea el tiempo entre los periodos de lluvia, más urgente se vuelve la construcción de Paisajes de Retención. Pero también en regiones tropicales, ricas en lluvia, los Paisajes de Retención de Agua son un gran paso hacia la sanación. Los espacios de retención sustituyen la delicada capa de humus que, después de la tala de los bosques tropicales, es en ocasiones erosionada completamente durante una única temporada de lluvia. Y a través de su alta capacidad de absorber agua, también ayudan a prevenir deslizamientos de tierra fatales, que hoy son causadas cada vez más a menudo por las fuertes lluvias. Así pues también salvan vidas humanas de manera directa.

Tal vez todavía existen algunas áreas forestales en la Tierra, donde aún no es aún necesario intervenir de manera correctora, porque aún hay suficiente humus disponible. Pero desafortunadamente estas son hoy sólo casos extraordinarios.

Un Paisaje de Retención de Agua es el impulso de sanación requerido por la Tierra y todas sus criaturas. Y deben y pueden surgir en cada lugar, donde las personas tengan la valentía y la fuerza y naturalmente recuperen el conocimiento para crearlos.

Para esto necesitamos ahora una determinada fuerza y dirección común. Para poder crear Paisajes de Retención de Agua en todo el mundo, se requieren de centros de educación especiales. Hemos convocado la Escuela Terra Nova para difundir la información a través de Internet y para apoyar grupos e iniciativas que quieren aplicar este conocimiento en sus países. En nuestra visión podrían organizarse en todas partes de forma autónoma las llamadas "universidades modelo", donde aprender teórica y prácticamente, como construir los Paisajes de Retención de Agua. De esta manera se inicia un cambio en el proceso de pensamiento, que naturalmente incluye también todos los demás aspectos de la vida humana. Un Paisaje de Retención de Agua es sostenible únicamente si la vida individual y social es incluida nuevamente en la naturaleza y en los órdenes superiores de la creación. Cómo funciona esta integración en tiempos modernos y qué conocimiento tecnológico y social se necesita para ello, todo esto debe ser investigado y enseñado en los modelos y debe estar disponible para todas las personas que busquen este conociemiento.

El proceso de cambio en el pensamiento estará finalmente completo, cuando ya no haya un solo ser vivo en la Tierra desprovisto de suficiente agua, alimento y compasión humana.

Conociendo al ser del agua

El primer paso en el cambio de pensamiento comienza con el agua misma. Un espacio de retención de agua debe ser comprendido no sólo de manera técnica, sino que también existe para acercar el ser del agua a un nuevo tipo de ingenieros. Un espacio de retención debe ser formado de manera que el agua no se estanque, sino que por el contrario pueda ser capaz de moverse de acuerdo a su ser. El agua no es sólo una sustancia física o química, que el humano puede manejar de acuerdo a su conveniencia, o meramente de acuerdo a normas industriales. El agua es un ser vivo. Nosotros los humanos modernos debemos de aprender, a comprender esto por completo de nuevo.

La formulación de espacios de retención de agua no es por lo tanto arbitrario. Observamos el agua: ¿cómo quiere moverse? ¿Qué formas le agradan en las orillas? ¿Qué temperatura y qué diferencia de temperatura le gustan? ¿Le gusta formar olas o no? Todos estos aspectos son incorporados en nuestro trabajo.

Como todos los seres vivos, el agua también necesita la libertad de poder moverse de acuerdo a su ser. El agua quiere dar vueltas, girar, curvarse y serpentear. Así es como permanece vital y fresca. A través de tales movimientos se purifica a si misma. Al mismo tiempo también puede calmarse y tiene tiempo de filtrarse en el cuerpo de la tierra.

Existen tres principios importantes para dar forma a este tipo de espacios de retención:
• El lado más largo del espacio de retención es, si es posible, colocado en la misma dirección que el viento predominante. El viento entonces sopla sobre una superficie larga. Así crea olas que oxigenan el agua: el

oxígeno es un importante elemento para la purificación del agua. El viento y las olas acarrean partículas de desechos hacia las orillas, donde son atrapadas por las plantas acuáticas, quienes finalmente las absorberán.

• Las orillas nunca se construyen rectas o se refuerzan, sino que son creadas en formas serpenteantes, con zonas empinadas y zonas planas, para que el agua pueda dar vueltas y girar. Al menos una parte de la orilla será plantada con plantas acuáticas y plantas de orilla.

Se crean zonas profundas y poco profundas. De esta manera emergen diferentes zonas por temperatura, que proveen una termodinámica sana en el agua. Las áreas sombreadas a la orilla también apoyan este proceso. Por lo tanto la diversidad de organismos acuáticos encuentra hábitats adecuados.

• El dique del espacio de retención de agua está compuesto completamente de materiales naturales, no se utiliza un folio de plástico o cemento. La capa vertical de sellado de la presa consiste en un material tan fino como sea posible, idealmente arcilla. Sería perfecto si el material que utilizamos, es el extraído de las zonas profundas. Está conectado con la capa impermeable del subsuelo, que a veces yace pocos metros bajo la superficie. La capa de sellado es compactada y construida capa por capa con material fino, de tierra húmeda. Entonces se apila a ambos lados tierra mezclada, cubierto con humus o capa de tierra fértil, y entonces se diseña y utiliza para plantar.

A través de este método de construcción natural los espacios de retención de agua se acoplan dentro del paisaje y no son extraños a su entorno. Poco tiempo después la vida reaparece de nuevo en las orillas. Finalmente las plantas, especialmente los árboles, se encuentran otra vez provistos de agua desde el suelo, como es apropiado a su naturaleza. Entonces ya necesitamos cada vez menos irrigación artificial proveniente de la superficie, y finalmente nada en absoluto.

Las fuerzas auxiliadoras.
En la construcción de Paisajes de Retención de Agua hay abundancia de fuerzas auxiliadoras del reino de la naturaleza a nuestro lado. Sabiendo esto, los nuevos ingenieros se ponen en contacto con estas fuerzas y les piden su cooperación.

Hay millones y miles de millones de micro-organismos, que inmediatamente comienzan su trabajo, en el momento en que se dan cuenta que hay agua, incluso después de una temporada de lluvia. Son nuestros mejores aliados. La mayoría de ellos viven de manera invisible en la tierra. Estos seres sienten que un proceso de sanación sostenible ha sido iniciado, del cual todos se benefician. Quizás durante un largo periodo no podemos ver su efecto, pero debemos saber que existen y que empiezan rápidamente su trabajo.

Eike Baunroth, un experto en el área de la cooperación con la naturaleza, describe de manera impresionante en su libro "Harmonie mit den Naturwesen" [*Armonía con los Seres de la Naturaleza*] lo que sucede cuando los animales, previamente considerados como pestes o bichos y contra quienes luchábamos de manera correspondiente, finalmente son considerados como aliados en cooperación. Él describe el ejemplo de las babosas, pulgones, ratas de campo, escarabajos patateros y garrapatas: *"Su abundante presencia, su reproducción desenfrenada, sus festines imparables en mi jardín y su resistencia contra mis trucos abrieron mis sentidos a una consciencia de la vida diferente ... Hoy todos viven una existencia libre de obstáculos en mi jardín. Me han mostrado de lo que es capaz la naturaleza: ¡amistad incondicional!"*

En nuestro trabajo ecológico en Tamera este aspecto de cooperación está fuertemente incorporado. Los pájaros, por ejemplo, son necesarios colaboradores para la reforestación, pues algunas semillas deben pasar por el estómago de los pájaros, para que puedan germinar. Aquí yace un área fascinante de trabajo e investigación.

También hay fuerzas auxiliadoras que son todavía poco familiares para nosotros. A través de Dhyani Ywahoo, una maestra espiritual Cherokee, aprendimos que los relámpagos son un factor importante en la revitalización de tierra debilitada, si esta está húmeda nuevamente. En su libro "Voces de Nuestros Antepasados: Enseñanzas del Pueblo Cherokee", recogidas del Fuego de Sabiduría, ella escribe: *"Cuando esos acuíferos subterraneos se hayan agotado, no atraerán más la energía eléctrica del relámpago. La actividad del relámpago es el pulso, así como el sistema nervioso es el pulso, que anima tu cuerpo. Entonces, así como esos acuíferos se van vaciando, hay menos y menos energía para crecer, para la vida. También hay otros efectos más sutiles de los relámpagos."*

Sepp Holzer ha descubierto que los truenos también son una fuerza de ayuda para el crecimiento de varias especies de hongos comestibles.

Con estos ejemplos, vemos ante nosotros cuánto trabajo de investigación apasionante está aún por hacer.

Con la construcción de Paisajes de Retención de Agua la humanidad vuelve a entrar en cooperación con el espíritu de la Tierra, y con el espíritu de las plantas, animales y seres humanos, que viven o están destinados a vivir en este espacio. Al crear estos sistemas no se trata sólo de ingeniería sino del arte de contactar con lo vivo y de reconocer, que nosotros como humanos no somos los únicos seres viviendo en este planeta. La creación nos ha sido confiada, para percibirla y cuidar de ella. Es el rol original del ser humano en la Tierra. Aquí el antiguo conocimiento que todos los indígenas poseían, es reavivado y transferido a la vida moderna.

El Paisaje de Retención de Agua de Tamera

En Tamera, comenzamos en 2007 con la construcción del primer espacio de retención de agua. La propuesta vino de Sepp Holzer, que nos apoya desde hace tiempo en la renaturalización y sanación ecológica del terreno de Tamera. Hasta entonces creíamos que vivíamos en una país seco. Cuando nos mostró las dimensiones del primer espacio de retención planeado, surgió la pregunta de cuánto tiempo llevaría llenar ese gran agujero con agua. El "Lago 1", como es conocido al día de hoy, está ubicado en el centro de nuestro terreno. La idea de tener que cuidar una alberca terrosa y medio vacia durante años, no nos motivaba a dar este primer paso hacia el planeado Paisaje de Retención de Agua.

Entonces, para poner las cosas en claro para nosotros mismos, tuvimos la idea de calcular el promedio anual de precipitación, que caía en nuestra área de recepción del espacio de retención. En nuestras mentes llenamos contenedores con esta agua, cada uno con una capacidad de un metro cúbico y los colocamos uno después del otro en una fila que llegaba a una longitud de casi mil kilómetros, desde Tamera hasta Barcelona.

Esto bastó para sacarnos de nuestro sistema de pensamiento de escasez.

En el mismo año comenzamos la construcción. En el primer invierno el lago y el cuerpo de tierra adyacente se llenaron hasta dos tercios con agua. Después de la segunda temporada de lluvias, que tuvo una precipitación por debajo del promedio, sólo faltaban unos pocos centímetros para llegar al nivel alto de agua. En el tercer invierno, hubo tanta lluvia, que podríamos haber llenado los espacios de retención varias veces. Hoy, a sólo cuatro años de haber comenzado la primera construcción, es como si nunca hubiera habido otra cosa sino los espacios de retención de agua. Muchas personas que visitan Tamera por primera vez no pueden creer que, no se trata de un lago natural. En las terrazas junto a la orilla, hemos creado un "paisaje comestible" donde hemos plantado miles de árboles frutales y arbustos. Algunos animales salvajes tales como las nutrias, se han asentado ahí. Y los pájaros han regresado: ahora conocemos 93 diferentes especies de pájaros en Tamera, algunos de los cuales son especies muy raras que sólo se encuentran en áreas ricas en agua.

Ya el primer año surgió un nuevo manantial de filtración, que desde entonces ha estado fluyendo continuamente durante todo el año.

La construcción del "Lago 1" fue sólo el inicio. Desde entonces hemos creado un número de espacios de retención adicionales. En 2011 hemos construido un espacio de retención de agua con aproximadamente tres veces la capacidad del Lago 1. Con esta construcción hemos conseguido en este valle un cambio radical de un paisaje con mucha agua a un Paisaje de Retención de Agua: esta área es ahora capaz de absorber toda la precipitación de un invierno promedio.

Este gran espacio de retención se encuentra en la parte más alta del valle. La presión de agua es suficiente para irrigar toda la tierra (mientras esto sea todavía necesario), sin tener que proveer energía adicional para el bombeo. Con el agua de este espacio de retención situado en lo alto, el nivel de agua de los espacios de retención siguientes permanecerá estable durante todo el año.

Aquí en Tamera queremos mostrar un modelo de cómo podría ser en todo el Alentejo y básicamente en todo el mundo. Sin agua no hay vida. Dicho de manera positiva: con agua hay vida. Cada vez somos más capaces de ver y mantener esta imagen, que surge frente a nuestros ojos, si nos preguntamos: ¿cómo sería si viviéramos con agua y no sin agua? ¡Qué rápidamente llegamos a tener visiones del paraíso y qué rápidamenete podemos salir del pensamiento de escasez en todos lo niveles!

Me gustaría concluir con una frase de Viktor Schauberger. Viene de un ensayo que escribió en 1934, del libro "Das Wesen des Wasser" (*El Ser del Agua*): *"Todo se origina a partir del agua. Por lo tanto, el agua es ella materia prima universal de toda cultura o el fundamento para todo desarrollo físico o mental. El descubrimiento del secreto del agua es el fin de todas las formas de especulación o intrigas y sus excesos, a quienes pertenece la guerra, odio, envidia, intolerancia y discordia de todo tipo. La profunda investigación del agua por lo tanto significa realmente el fin de todos los monopolios, el fin de todo el dominio y el comienzo del surgimiento del socialismo basado en el desarrollo del individualismo en su forma máxima. Si logramos descubrir el secreto del agua, al entender cómo puede surgir el agua, entonces será posible producir, agua de todas las cualidades en cualquier lugar, y entonces podremos ser capaces de hacer fértiles vastas áreas de desierto, entonces el valor de venta de la comida y también el de la maquinaria caerá, ya que no valdrá la pena especular con ello por más tiempo."*

Les pido a todos que compartan esta visión. Les pido a todos que vean, cómo el ser humano está destinado a ser, que vean cuál es la verdadera posición del ser humano y el rol que la creación de modelos juega en esto. Una persona que retoma sus derechos humanos en sus propias manos, también toma una posición por lo derechos del agua, tal como lo pide Evo Morales, y entrará en cooperación con la naturaleza y su ser. Cuando hayamos encontrado nuevamente la imagen interna de la reconexión con la naturaleza, entonces comenzaremos a comprender la frase:

"¡Agua, energía y alimento están a libre disposición para toda la humanidad!"

Así es como la vida está destinada a ser.

PAZ CON LA NATURALEZA Y TODAS LAS CRIATURAS

Extracto de La Matriz Sagrada

Dieter Duhm, 2001

"Mientras que los seres humanos maltraten a los animales, los torturen y les peguen, tendremos guerra."
Bernard Shaw

Domingo por la mañana. Antes tenía que ir a la iglesia a estas horas del día. Hoy voy a la bañera. (¿Se trata de la misma persona?). Sea como sea estoy en la bañera y me doy cuenta de algunos animales minúsculos en los azulejos de la pared. Son muy delgados, más o menos unos 3 milímetros de largo y tienen muchas piernas. Decido tomarlas por hormigas. ¿De dónde vienen? ¿De qué viven? ¿qué hacen aquí? Me entra curiosidad. Son criaturas como nosotros de la evolución, verdaderos seres vivos. Parte del Ser único, por eso tienen que tener algún parentesco cósmico conmigo. Observo su paseo dominical en la pared vertical y veo como desaparecen en un agujero pequeño. Es su vivienda. ¡Se han construido una vivienda en el yeso entre los azulejos! ¿Qué podrían haber pensado al hacer esto? ¿De dónde les viene el empeño y la fuerza para poder hacer algo así? Normalmente se les ve como bichos y se deshace uno de ellos. Aquí entran en colisión dos mundos de los que el más viejo tiene que ceder. Puede que esto sea correcto según Darwin, ¿pero es también correcto ante los ojos de una instancia superior?¿Tenemos los seres humanos realmente el derecho de eliminar con tanta naturalidad aquellos elementos de la vida que no encajan en nuestro propio sistema de vida? ¿Es el sistema de vida de las hormigas el falso, o es el nuestro?

¿Será que nuestro sistema de vida no se ha adecuado del todo correctamente a un orden superior de la creación? ¿Existiría la posibilidad de la coexistencia pacífica? Estas preguntas las habríamos calificado de absurdas hace aún pocos años, sin embargo hoy en día se vuelven, con cada nueva reflexión, con cada nueva experiencia, más actuales. ¿Existe quizá una posibilidad de coexistencia que abarque a todos los seres vivos? Lo veremos. De la investigación del caos he comprendido una cosa: las cosas que en un determinado nivel del orden existente colisionan entre sí, armonizan en un nivel superior. Cuando dentro de un determinado sistema aparecen hostilidades, estas se pueden transformar en amistad en el nivel de un nuevo sistema de un orden superior. La solución está en encontrar en muchos temas un nivel de orden superior.

En días de pereza me acuesto en el prado, separo un poco la hierba y observo la vida del suelo. Con este objetivo he llegado a utilizar lupas porque no salía de mi asombro. La Tierra tiene vida en todas partes. No sé cuantos cientos o miles de seres pequeños habitan un solo metro cuadrado. Agrupemos toda esa capa – escarabajos, hormigas, gusanos, caracoles, arañas, piojos y hacia abajo en la escala, microorganismos – y tendremos una cantidad de habitantes que no podemos ignorar en los próximos planes de paz de la Tierra. Tenemos que suponer que jugarán un papel significativo en el organismo de la biosfera. Desde estas perspectivas ya no es tan natural el llenar de cemento la tierra o el construirse una casa en cualquier sitio sin haberse puesto antes en contacto con los habitantes residentes allí.

Hubo tiempos y culturas en las que ese pensamiento aún estaba claro. En el caso de los filósofos antiguos como Tales, Pitágoras o Empédocles la unidad de la vida era aún una realidad natural percibida espiritualmente. De ella se derivaba de modo igualmente natural el parentesco entre el ser humano y el animal, lo mismo que después con San Francisco de Asís o con los cátaros, y una actitud ética frente al mundo animal acorde con ella.

IV ANEXO

Dr. Dieter Duhm

Nacido en 1942 en Berlín, psicoanalista, historiador del arte y sociólogo fue una de las cabezas dirigentes de la izquierda marxista del movimiento estudiantil del 68 en Alemania. Dieter Duhm une el pensamiento de la revolución social al pensamiento de la liberación personal. El Dr. Duhm sale a la luz pública con el libro "El miedo en el Capitalismo". Desde 1975 se distancia públicamente del dogmatismo de izquierdas y se alinea con una alternativa fundamentalmente humanista. En 1978 funda el proyecto "Bauhütte", un experimento social con 40 participantes que tiene lugar en el sur de Alemania durante tres años.

Crea el "Plan de los Biotopos de Curación", un plan concreto sobre como se podría producir la paz mundial.

En 1995 funda, junto con su compañera Sabine Lichtenfels y otras personas, el Centro de Investigación de Paz, Tamera en Portugal, con el objetivo de ligar el trabajo de paz global a el desarrollo de nuevos modelos de vida y la creación de lugares en los que la gente viva en cooperación y mutuo apoyo con el resto de la creación y demas seres.

Sabine Lichtenfels

Nació en 1954 en Münster, Alemania. Es teóloga y activista por la paz. En el círculo de piedras de Almendres cerca de Évora, en Portugal, se dio cuenta por primera vez de que tenía la habilidad de conectarse con el conocimiento humano utilizando su don como médium. Descubrió que más allá del conteo cronológico de la historia del hombre, existió una cultura que cooperaba con la naturaleza y que tenía un amplio conocimiento acerca del amor y de la vida en comunidad. Ellos, al tener la premonición de su propia desaparición, plasmaron sus conocimientos acerca de vivir en armonía con la Diosa en sus círculos de piedras. A este modo de vivir de manera comunitaria Sabine Lichtenfels lo nombró "Utopía Prehistórica." La autora se basó en esto para crear un modelo futuro de comunidad así como una universidad de paz, la cual fundó junto con Dieter Duhm y otras personas en el sur de Portugal: El Biótopo de Curación I, Tamera. Sabine Lichtenfels ha escrito dos libros acerca de sus descubrimientos e investigación del círculo de piedras: "Traumsteine" (Piedras de Sueño) y "Tempel der Liebe" (Templo del Amor). En 2013 fundó la Escuela Global de Amor para difundir el conocimiento necesario para la cura del amor.

Bernd Walter Müller

Nacido en 1962 en Cologne, Alemania. Investigador de la naturaleza, especialista en la construcción de Paisajes de Retención de Agua, permacultor, zahorí. Desde el 2007, colabora con Tamera, en cercana cooperación con Sepp Holzer. A día de hoy, Bernd Müller es director del Departamento de Ecología de Tamera y profesor del Campus Global, un centro de formación internacional para trabajadores de paz. En 1986 abandonó sus estudios de ingeniería en el sistema universitario tradicional porque no encontró las respuestas que buscaba. Empezó su propio negocio, llevando una tienda de alimentación saludable, trabajando en la jardinería de paisaje y más tarde como arboricultor. En 1989 emigró a España y administró una granja orgánica en Sierra Nevada. Allí encontró la calma necesaria para estudiar los procesos naturales a través de una intensa observación. Descubrió una nueva posibilidad, más sutil, de cooperación entre hombre y naturaleza. Hoy transmite sus hallazgos provenientes de este proceso de autoeducación en el desarrollo práctico de modelos ecológicos para la sanación del paisaje y la restauración de la Tierra.

Monika Alleweldt

Nació en en 1954 en Giessen, Alemania. Licenciada en Ingeniería Agrícola, una beca sobre agricultura en Guatemala marcó un punto crucial en su vida. Profundamente conmovida por sus impresiones en un país empobrecido, donde la guerra civil estaba convirtiéndose en un genocidio de la población indígena, ella empezó a buscar los elementos clave

para una forma efectiva de ayudar al mundo. En 1986 se cruzó con la "Bauhütte", un proyecto iniciado por Dieter Duhm, Sabine Lichtenfels y otros, que fue el predecesor de Tamera. Fue aquí donde Monika encontró ideas fundamentales para el cambio que buscaba. Desde entonces, ha estado implicada en Tamera, especialmente en las áreas de relaciones públicas y publicaciones.

SOBRE EL EDITOR:

Martin Winiecki

Nació en 1990. Desde muy joven ha estado implicado políticamente en su ciudad de origen, Dresden en Alemania. De 2006 a 2009 fue estudiante en la educación para la paz en Tamera y ha colaborado activamente en el proyecto desde entonces. Desde 2009 forma parte del Instituto de Trabajo por la Paz Global, trabajando para poner en funcionamiento una red de cooperación global. Desde mayo de 2013 ha asumido la coordinación de la Escuela Terra Nova.

Más información:
Invitamos a todos los que aman estos pensamientos y quieren apoyar su realización, a formar parte en la Escuela Terra Nova.

Instituto de Trabajo por la Paz Global
Tamera • Centro de Investigación por la Paz
Monte do Cerro • P 7630-392 Reliquias • Portugal
Tlf. +351 283 635 484 • igp@tamera.org
www.tamera.org

Donaciones:
La Escuela Terra Nova es llevada a cabo por un equipo de jóvenes que trabajan voluntariamente. El proyecto depende de frecuentes donaciones mensuales para facilitar que la participación en la escuela pueda seguir siendo gratuita. Las donaciones serán utilizadas para las lecciones, incluyendo las grabaciones de vídeos y audios, así como la traducción en diferentes idiomas y su difusión online.
¡Agradecemos cualquier contribución!

Nombre: G.R.AC.E.
Banco: Caixa Crédito Agrícola S. Teotónio.
Número de Cuenta / NIB: 004563324023830233193
IBAN: PT50004563324023830233193
BIC: CCCMPTPL
Por favor indique "Escuela Terra Nova" al realizar el ingreso.

También es posible hacer donaciones vía PayPal, por favor contacte con nosotros: igp@tamera.org

Literatura para ampliar el estudio:

Dieter Duhm: **La Matriz Sagrada. De la matriz de la violencia a la matriz de la vida - Tomo I y Tomo II**

Teilhard de Chardin: **El Fenómeno Humano**

Riane Eisler: **El cáliz y la espada**

Jacques Lusseyran: **Y la luz se hizo**

Wilhelm Reich: **Análisis del carácter**

Wilhelm Reich: **La función del orgasmo**

Peregrina de la Paz: **Pasos hacia la Paz Interior**

Satprem: **La Génesis del Superhombre**

Michael Talbot: **El Universo Holográfico**

Aún no disponible en español:

Dieter Duhm: **Towards a New Culture*** [Hacia una Nueva Cultura]

Dieter Duhm: **Eros Unredeemed** [Eros irredento]

Dieter Duhm: **Future without War – Theory of Global Healing** [Un futuro sin guerra- Teoría de la curación Global]

Dieter Duhm: **Politische Texte für eine gewaltfreie Erde** [Textos políticos para una Tierra no violenta]

---

* Este libro está disponible gratis en: www.towards-a-new-culture.org (lamentablemente hasta ahora sólo está disponible en alemán, inglés y portugués)

Sabine Lichtenfels: **Grace – Pilgrimage for a Future without War** [Grace – Peregrinaje para un Futuro sin Guerra]

Sabine Lichtenfels: **Sources of Love and Peace – Morning Prayers** [Fuentes de Amor y Paz- Rezos matinales]

Sabine Lichtenfels: **Temple of Love – A Journey into the age of sensual fulfilment** [Templo de Amor – Viaje a una era de sensualidad plena.]

Sabine Lichtenfels: **Weiche Macht. Ein neues Frauenbewußtsein und eine neue Liebe zu den Männern** [El poder benévolo. La nueva conciencia femenina y un nuevo amor a los hombres.]

Sabine Lichtenfels: **Traumsteine. Reise in das Zeitalter der sinnlichen Erfüllung** [Piedras de sueño. Viaje a una era de sensualidad plena.]

Leila Dregger: Tamera: **A Model for the Future** [Tamera: Un Modelo para el Futuro]

Madjana Geusen (Ed.): **Man's Holy Grail is Woman** [El Santo Grial del hombre es la mujer]

Sepp Holzer: **Desierto o Paraíso** (se publicará en Español a finales de 2013)

Eike Braunroth: **Heute schon eine Schnecke geküßt?** [¿Ya has besado a un caracol hoy?]

Viktor Schauberger: **Nature as Teacher: New Principles in the Working of Nature** [La Naturaleza como Maestra: nuevos principios en el trabajo de la Naturaleza]

www.ingramcontent.com/pod-product-compliance
Lightning Source LLC
Chambersburg PA
CBHW052217270326
41931CB00011B/2382